讓思考
品質飛躍
提升的

結構讀解力

河村有希繪 著
YUKIE KAWAMURA

林美琪 譯

Discover
方舟文化

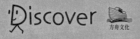

前言

「我怎麼會在這裡？不會是錄取我的時候搞錯了吧？」

在我大學剛畢業，甫進入一家顧問公司開始自己第一份工作的時候，經常會這樣子想。

那份工作的內容是做筆記和進行分析。我是個百分之百的文科生，此前幾乎沒碰過Excel和PowerPoint，做這種使用大量數據進行分析的工作，只有一個慘字能形容。初出茅蘆的我，原本應該好好把握機會一展身手，對團隊做出重要貢獻才對，但我卻……每天都在水深火熱中，苦不堪言！

如此沒日沒夜與工作搏鬥的某一天，我突然想起暑期實習的最後一天，負責招募實習生的同事對我說過的一段話：

「河村小姐，妳好像一直忙著在準備其他公司的面試，不怎麼努力工作喔！但妳把最後的簡報組織起來了。而且不光只是整理資料而已，妳還兼顧了故事性，這點很棒。」

同事當時所稱讚的「組織」、「兼顧故事性」，具體來說究竟是因為我做了什麼事情呢？

當時，我將期限內收集到的資料和分析結果（分析這部分是請理工出身的同事的學生幫忙）攤在桌上，然後思考：「這段話是不是擺在前面比較好理解？」、「根據這個和這個，可以得到這個結論吧？」為此，我還總是不知如何是好而傷透腦筋，不斷去請教我們組裡的指導顧問。

原來這樣做會受到好評啊！這麼說來，我進公司以後，雖然在分析的部分依然完全不行，但我整理的訪談筆記倒是被誇讚過好幾次。

當然，我並不會因為自己突然意識到這件事就立刻變得擅長分析，定量分析仍然持續讓我痛苦了一段時間；但當我意識到自身的特長——能夠組織資料並兼顧故事性，我不但能重新看待工作而且更有幹勁，心情也變輕鬆了。

小學國語課上學到的「結構讀解力」

如今回想起來，我發現不論實習期間那位負責招募的同事，或是後來的上司，都對我的兩項能力讚譽有加——一個是「整理結構後輸入（Input）的能力」，一個是「組織結構後輸出（Output）的能力」。

確實，我在整理訪談筆記或報告時，都會特別注意「結構」問題。諸如：

- **這些資料透露出什麼訊息？哪些訊息對本專案是最重要的？**

● 讀這份報告的人是誰？他會想知道什麼訊息？
● 如何組織這份報告才會富有故事性，讓人更容易理解？

其實，我一直都在做這類結構性的輸入和輸出，只是毫不自覺罷了。

我的這項能力，是從小學國語課的解讀課程中培養出來的。小學三年級的國語課上，老師會教我們閱讀課文，從課文的結構中理解作者想要表達的意思，再進行解釋和重新建構。於是，當我要寫文章時，也會反過來，先想好結構再下筆。

那個對我幫助如此之大的課程，到底是怎麼回事呢？為了瞭解，出社會工作後，我還特地去拜訪恩師，這才知道那種訓練叫做「結構學習」。

我將在本書第一章詳細說明什麼是「結構學習」，在此我必須先說，它對我的幫助實在太大了，不僅應用在諮商顧問工作方面，我之所以能夠考上大學，後續又取得MBA（企業管理碩士）學位，可說都是拜這個學習之賜。

過往準備考試時，老師都會說：「國語的解讀能力是其他科目的基本。」理解出題者的意圖才能趕快解題。不只國文科，理科和社會科也都會出現長達好幾行的題目，怎能不好好加強讀解力呢？

國外的管理學院研究所考試，都要考GMAT（研究生管理科入學考試），其語文部分就是在考文章的邏輯整合能力，雖然使用的語言是英語，但重點是要測驗考生對於邏輯結構的解讀能力。

在面試或交涉談判中，我們也很需要立即理解對方的問題和意圖，當然，表達自己的主張、進行自我推銷也很重要，但令人意外的是，能夠好好回答問題的人，居然少之又少。

工作上的文件製作，或是報告、提案等，都非常需要這種讀解力，這點我在前面已經說得很清楚了。

簡而言之，商務活動就是反覆對資訊進行理解、分析、解釋、傳達，然後與他人一起行動的過程。不論看到的或聽到的訊息，想要正確理解，就必須具備「讀解力」；到了傳達階段，則要將內容以對方「容易解讀」的方式傳達出去，否則就沒辦法一起行動或合作了。

我希望能將自己所得到的恩惠傳遞給社會和後人。出於這種心情，我回到大學並開始研究這個名為「結構學習」的學習理論。

以「結構學習」為基礎，發展成「結構讀解」

「結構學習」是在二戰後不久建立的初等教育理論。詳細的說明稍後會再闡述，簡單來說，它始於國語解讀，並被廣泛地應用在其他科目和班級管理上，在我印象中，似乎某些國中也有這方面的學習，但基本上它是以小學生為對象施作的一種學習理論。

在初等教育理論中，也有其他以閱讀理解為目標，注重段落和意義組織的理論，而結構學習的特色在於以下三點——

- **此教學方法並不是以教師為主體，而是以學習者（即學生、孩子們）為主體來進行。**
- **以「結構」觀點對文章進行分析。**
- **最終定位為一種思考訓練方式。**

當時作為實踐者的教師們組成了全國組織，一九七〇年代的會員超過一千人，可惜的是，自一九八〇年代以來，該組織逐漸縮小，目前只有一部分小學仍在實踐「結構學習」。

看到這裡，或許有些人會扼腕：「我也希望在小學的時候能夠學到啊！」但其實它不限於小學生使用，以學習者為主體的「結構學習」訓練法，不管大人小孩，不論何時何地，都能學習及應用。

事實上，本書推薦人，也是我高中學姊及顧問公司前輩的篠田真貴子女士就曾對我說：「你小學時學過這個嗎？一般來說，掌握結構，在抽象和具體之間來回的能力，多半是國中才開始培養的，小學不會太早了嗎？」可見，不限於小學生，每個人都能學會這種讀解力，並進一步去發揮運用。

「結構學習」所收錄的文章都是小朋友也能夠讀懂的，而且幾乎都是有收錄進日本教科書裡的課文；介紹結構學習及其應用的相關書籍，也可說幾乎都是針對小學授課而寫，因此截至目前為止，使用者全部都是小學老師（也有部分國中老師）及小學生。

因此，我希望讓大家都能透過「結構學習」來培養「結構讀解力」（解讀結構的能力），不分大人小孩，不論是否就學或就業，都能透過這套方法來解讀對方的語意和心情，並且組織好自己的想法。

「結構讀解力」的三大學習方法

結構讀解力分為下列三個部分——

1 閱讀論述性文章，讀解文章的邏輯。

2 閱讀故事和抒情性文章，讀解人的心情。

3 組織想法，進行解釋／輸出。

也就是說，它透過解讀論說文來鍛鍊邏輯思考能力；透過解讀故事和抒情文來鍛鍊理解人心的思考能力；而當自己要輸出——即表達自身想法時，就綜合運用這些能力來組織文章或簡報，這就是所謂的「結構讀解」。

結構讀解與「批判性思維」有著相似之處。批判性思維就字面意義而言看似帶有批判性，但實際上，它是一種更接近「邏輯思考」的思維方法。長期以來，批判性思維一直被視為商務活動上十分有用的思考方法，我也曾在企業管理學院和企業培訓課程上講授這門課程。

我認為批判性思維的本質是「透過完整無缺且合乎邏輯的檢討，進而獲得他人的認同與配合」。此處所指的完整無缺，必須是在結構完整的情況下才有可能，某種意義上，指的就是所謂的結構化。

不過，批判性思維經常會用到邏輯樹或框架，恐怕很多人會覺得做不下去而氣餒吧。相較之下，「結構讀解」是以小學課堂的「結構學習」為基礎，不但更容易理解，也更容易掌握訓練的方法。

順帶一提，在歐美國家的管理學院裡並沒有開設「批判性思維」這種課程，這是為什麼呢？

小學時，我在不知道「結構化」為何的情況下學習了「結構化」；同樣地，歐美人在進入大學之前，便皆已上過包含閱讀和寫作在內的「語言藝術」類課程，或者曾在幼兒時期參加過「Show and Tell」（展示和講述）活動，這些都是在訓練掌握文章和簡報的結構、理解內容，以及組織自身想法後表達出來的能力。談到閱讀時，更是經常會出現「Text Structure」（文章結構）一詞。

儘管各國家地區的科目體系差異很大，但在語言領域的教育科目中，都有很多關於思考能力的訓練。語言和思考是密不可分的。

「結構讀解力」是一種可以透過日常用心閱讀培養出來的能力。有了這項能力，你將明顯感受到以下好處——

- **知道如何抓出電子郵件和文件的重點，進而快速理解。**
- **養成習慣，隨時思考會議參與者和談話對象的發言意圖。**
- **能夠寫出清晰易懂的筆記和報告。**
- **能夠組織出有邏輯和具故事性的簡報。**

● **能夠準確回答會議或面試時的提問。**

在本書中，我將介紹以結構學習理論為基礎的讀解課程，並利用身邊的報章雜誌和小說為題材，說明結構讀解力的訓練方式。我也會探討何謂讀解力，並將它分成幾個要素，然後提供一些方法，讓不分年齡、職業背景的各位，都能在日常生活中培養讀解力。

目錄

第1章 什麼是「結構讀解力」？

第2章

讀解邏輯

第3章

讀解人物的心情

第4章 組織自己的思考

第1章

什麼是「結構讀解力」？

1 解讀能力不只用在國語科目上

2 我所接受的教育——結構學習

3 回到大學重新學習教育，終於研究出的「結構讀解力」

1 解讀能力
不只用在國語科目上

首先，「國語」科目存在的目的是什麼？這個問題相當深奧吧？

通常最先會想到的是，為了學習識字、能夠閱讀和書寫、能夠說話。即便語言和文字不同，但人都需要這些能力，因此，任何國家都有相當於「國語」的這一門科目（有些國家稱為「語言」）。除此之外，我們在國語課上還會學到一種能力，稱為「解讀」。

日本的情況是這樣的。關於「國語」科目的宗旨，在二戰前，從歐洲傳來的「國語主要是對文章進行解釋」一觀念蔚為主流，但到了戰後，由於受到美國的影響，政府以「國語是兒童進行活動時的工具」觀念為基礎，首次制定了國語的教學大綱。直至今日，美國人仍會藉國語課程教導孩子寫筆記和做報告；而在日本，也曾一度討論「國語科結合社會科」這個教學議題。

後來，由於過度偏重應用的教學內容引發批評，於是又逐漸走回了以解釋文章為主的老路。就在許多老師及學者們各有主張地展開激辯的過程中，國語教學方法得以修正並逐漸進步。

我個人認為，**國語的最終目的是培養「共同生活的力量」**。

或許有人會說，那其他科目不也一樣嗎？但我想表達的是，「解釋」這個動作是活動的基礎，而人們就是一起活動、一起生活的。

筆記和報告的目的，是為了方便人們直接或間接地一起活動。閱讀者會對筆記和報告進行解釋，然後連結到下一個活動。就像這樣，人們會對作為活動工具的筆記和報告進行解釋，對其他事物也一樣——說到底，對各種事物進行解釋，就是為了方便人們一起活動。

光收集資訊再分析是不夠的，重要的依然是「對資訊的解釋」。只有透過解釋才能產生啟示，進而據此做出決策，如此一來，工作才得以推進。

解釋資訊和分析結果，就是在進行「讀解」。讀解什麼呢？例如：作者想要傳達的訊息、內容所指示的狀況或未來趨勢、之所以變成如此狀態的原因……。

此外，工作通常也是由多人一起進行的。雖然有些工作可以一人單獨完成，但如果考慮到還有與客戶的互動，從頭到尾都只由一人單獨完成的例子可能不多。既然必須多人一起進行，互相理解就十分重要，我們不僅要去理解對方、夥伴們的想法，還要進一步理解他們的立場、情感和動機。而理解其立場和情感等，就是在做「讀解」。

各位原本是不是認為「讀解」不過是國語課上的事，畢業之後就與你再也不相干了呢？

事實並非如此。在過去某些時代、有些地區，本來就將國語視為一種活動工具，即便現在，人們依舊很自然地對生活及工作進行各種解釋。換句話說，人們進行「讀解」的對象無所不在。

各位早已在工作上發揮你所培養出來的解讀能力了，重要的是，你還可以進一步提升這項能力。

2

我所接受的教育——結構學習

「日本兒童的閱讀能力正在下降」——這樣的新聞，曾在二〇一八年的日本掀起軒然大波，起因是OECD（經濟合作暨發展組織）主辦的PISA（國際學生能力評量計畫）評比結果。這是一項針對全球十五歲兒童所進行的測驗，結果顯示日本兒童的「閱讀理解能力」排名大幅下滑，從前一次三年前的第八名退居第十五名。

雖然我並未參與國語指導工作，但我很清楚讀解力讓我受益匪淺，因此對這則新聞也感到相當遺憾。後來我才知道，原來是「結構學習」培養出我的讀解力。

很多很多年以前，在位於東京都府中市的「明星學苑明星小學校」裡，我不知不覺地與「結構學習」相遇。當時的國語課，給了三年級的我，一個全新的世界。

我們閱讀的文章，有時是教科書上的課文，有時影印自其他刊物。這些文章的每個段落都已經打上編號；我們必須將這些段落組成脈絡正確、有意義的片段，並用自己的話將每個意義片段的內容簡述出來。相信很多日本人都還有如此印象吧！

之所以說「全新的世界」，是因為我們會把這些段落排成像章魚腳那樣的圖示，或是用蹺蹺板的圖來表現段落之間的關係，有時還會用口語寫出故事主角或其他人物在某個場景中的心情獨白。仔細想想，當時的國語作業還真多。

我們也曾在班級會議中，討論如果忘了帶東西該怎麼辦？大家腦力激盪，提出好多對策，例如：「跟別人借」、「向老師道歉」、「假裝有帶，默默等待時間過去」、「笑著打馬虎眼」、「當場趕快做出來」等，然後討論每一種對策會衍生什麼樣的結果，再決定這些對策的優先順序並說明理由。

這樣的練習主要以國語課為主，但這不是我們國語老師獨創的，長大出社會後，我去北海道拜訪恩師，才知道這是從「結構學習」理論發展出來的；而且，早在二戰後就已經有人研究出這種方法，當時不只我的母校，全日本的公立學校都在實施這種教學方法。

要詳細說明「結構學習」，可能得寫滿一本書才行，因此我只想簡單提一下。簡而言之，結構學習就是「一種思考訓練：用自己的方式，有組織有條理地，從文章中解讀出作者的意圖」。

「結構學習」是戰後日本當時的文部省調查官沖山光所提倡的學習理論，起源於小學的國語科指導綱要，後來在全國結構學習研究會等教師研究組織中逐漸地發展開來。

「結構學習」以代表結構主義的瑞士語言學家斐迪南・德・索緒爾（Ferdinand de Saussure）的語言學說為基礎，從意義段之間的關係來解讀文章結構，然後進行解釋，並組織自己的想法。這套過程分成幾個階段，旨在實現「獨立閱讀」。

具體來說，日本的國語學習體系分為三個主要程序：「基礎學習」（漢字、熟語、語法、文法和朗讀）、「基本學習」（理解和表達）和「應用學習」。在最後的「應用學習」中，學生將自行進行調查、品味、評論並表達看法。「結構學習」將這套過程稱為「思考的獨立漫遊」，並將「基本學習」中的「理解」過程稱為「思維訓練」。此外，更明確指出這三大程序的十項操作步驟，以培養學生更開闊的思考能力，避免被侷限在狹義的解讀中。

順帶一提，這三大程序、十項操作步驟如下——

● **第一階段：洞察思考（預測學習）**

①發現問題、②大塊分段、③洞察問題、④穩固問題。

● **第二階段：分析、整合思考（要點的分段與標示重點學習）**

⑤確認洞察的穩固性、⑥分析思考要點、⑦整合思考要點、⑧驗證。

● 第三階段：決策思考（總結學習）

⑨確認洞察與分析整合思考的穩固性、⑩匯整成高階的洞察。[1]

這樣寫乍看下可能很複雜難懂，但當然，我的恩師不會就這樣解釋給小學生聽，而是提供一篇整理過的文章，引導學生閱讀、品味，然後進行解釋。

第一階段：先為段落編號，將內容前後相關聯的段落整合起來；整篇文章分成幾個大段落後，大致掌握全章的主題。第二階段：根據這個主題整理出每個段落的要點，並以圖示呈現段落間的關係性，思考文章的結構。第三階段：掌握文章是以何種脈絡來回應主題，是否做出了結論。每一篇文章，我們都會花幾堂課分批進行這三大工程。

接著就讓我們一起看看以下面文章為例的教學方式吧。

建築之美

①我們的祖先留下了許多文化遺產，當中，建築物的美麗特別令人著迷。

②相傳公元七世紀初由聖德太子建造的法隆寺，便是其中之一。

③進入中門後，位於左側的五重塔，是日本最古老且最美麗的其中一座寶塔。

④每一層屋頂所描繪出的優雅曲線、由下往上層層相疊且逐漸收縮的屋頂寬度、位在最上層塔頂指向天空的九輪與水環，這些無不讓人感受到高度的和諧之美。

⑤到了武士時代，日本各地開始興建城堡。保留至今的幾座城堡，讓人想起守護這些城堡和攻擊這些城堡的武將們，彷彿無聲地述說著武家的政治歷史。

⑥尤其姬路城以完整保留昔日風貌而聞名。

⑦大約三百六十年前建造的這座城堡，其白色牆面的天守閣與堅固的石牆線

條，完全不同於奉祀阿彌陀佛的法隆寺五重塔，後者溫柔婉約，前者則散發出剛毅之美。

⑧不過，兩者共通的特點是：不過度粉刷和裝飾的簡約之美。

⑨這正是日本古來建築的特色。

⑩而日光東照宮又是另一種風格的建築。

⑪當時為了奉祀德川家康，幕府集結全國大名*的力量，精心打造出這座光華絢爛的東照宮，甚至因此誕生一句名言：「未見日光，勿言此生無憾。」

⑫尤其是人言看一整天也不會膩而有「日暮門」之稱的陽明門，是最具代表性的建築。

⑬紅色和金色的豔彩在深綠樹木的襯托下，顯得格外燦爛。

⑭樓門和牆上極其精緻的雕刻，彷彿見得到當時名匠的身影。

⑮這三座建築物各有各的美，建造目的也不相同，但它們都是我們國家†引以為傲的文化遺產，是祖先留給我們的珍貴禮物。

⑯每次看到這些建築物，我都無法不對創作出我們日本人之美的力量，升起全新的感動與喜悅。

（摘自沖山光《學科上思考學習的開發》中的訓練資料[2]，部分內容經過改寫）

這是一九七〇年以前小學四年級的教材，使用這份教材的授課紀錄還保留在出處《學科上思考學習的開發》一書中；裡面有兩名學生所繪製的「思考過程圖」（第三十三頁），他們分別把自己認為重要的句子編號圈選了出來。

這兩名學生發表思考過程圖後，授課紀錄便正式開始。由於過程非常冗長，這裡僅簡要介紹結構學習的授課情況。繪製思考過程圖的兩名學生分別為「學生A」

＊編註：日本封建時代對大地主、擁有多將之武士的稱呼。
†編註：此指日本。

和「學生B」，其他學生雖然也都是不同的孩子，但全部統稱為「學生」，老師則稱「教師」。

教師：今天我們用A同學和B同學的思考過程來上課。請仔細理解他們的想法，然後跟自己的思考過程比較一下，有意見或問題請提出來。

學生：我想請問A同學。你把①～⑨統整為「簡約之美」，但是我認為「簡約之美」應該是②～⑨，①應該另外獨立出來比較好。

學生A：我認為①表達了「祖先遺留下來的各種文化遺產中，特別吸引我們的是建築物」這個意思，並將法隆寺和姬路城的美都歸為「簡約之美」，並因此深深吸引我們，所以我將①～⑨整合在一起。

學生：我認為A同學的想法有點奇怪。最開始的①是說「雖然有各種文化遺產，但建築物的美特別令人著迷」，從②開始才進一步描述這個美，所以我認為①應該抽出來，而不是納入②的統整裡面。

A同學和B同學的思考過程圖

A同學

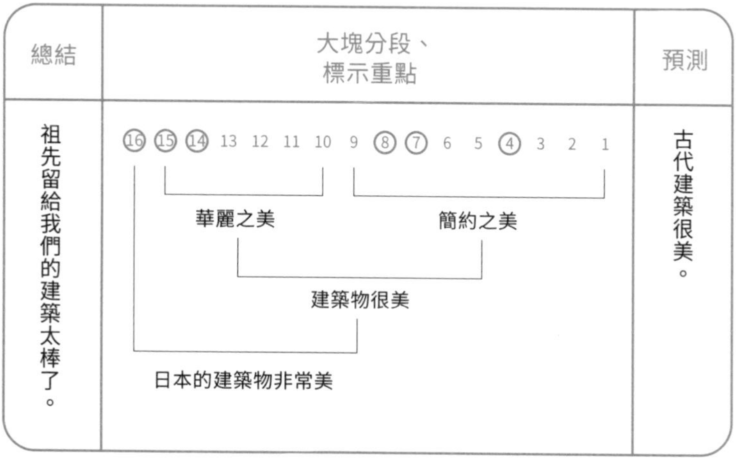
總結
大塊分段、
標示重點
預測
祖先留給我們的建築太棒了。
16 15 14 13 12 11 10 9 8 7 6 5 4 3 2 1
華麗之美
簡約之美
建築物很美
日本的建築物非常美
古代建築很美。

B同學

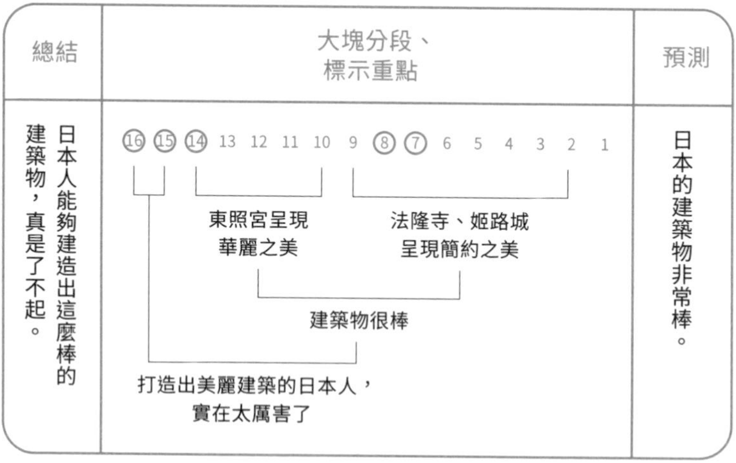
總結
大塊分段、
標示重點
預測
日本人能夠建造出這麼棒的建築物，真是了不起。
16 15 14 13 12 11 10 9 8 7 6 5 4 3 2 1
東照宮呈現
華麗之美
法隆寺、姬路城
呈現簡約之美
建築物很棒
打造出美麗建築的日本人，
實在太厲害了
日本的建築物非常棒。

（省略，多數贊同）

學生Ａ：聽了大家的意見後，我重新思考了一下，決定將①定為「建築物之美」，②～⑨定為「簡約之美」。

學生：把②～⑨統整在一起也沒錯啦，但②～④是在描述「法隆寺的和諧之美、溫柔之美」，⑤～⑦描述的是「姬路城的剛毅之美」，⑧⑨則是將②～④和⑤～⑦整合起來，表示兩者都是「簡約之美」。我覺得⑧⑨都是在說日本傳統建築的特色，應該可以歸為一個小的統整。

（省略）

學生Ａ：我的思考圖現在也是分成幾個大的段落，當初就是考慮了那些問題後，才做成這個樣子的。

學生Ｂ：我也跟Ａ同學一樣，一開始腦中想的都是一小段、一小段的統整。

學生：因為⑩～⑪是「東照宮之美」的統整，所以我認為最好也做出「法隆寺之美」和「姬路城之美」的統整。

教師：A同學和B同學都是先在腦中形成一小段、一小段的統整後才整理成現在這個樣子的。先從小小的統整開始，再順著整理成大的統整，這樣比較不會出錯。就像××同學說的，這樣做出來的統整，脈絡才會通順。

學生：我想問一下A同學。為什麼會把⑩～⑮歸納為「華麗之美」呢？我認為⑩～⑪描述的是「東照宮的華麗之美」，但⑮描述的是這三座建築物，也就是②～⑭的統整才對。

學生A：我弄錯了。就像××同學說的，⑩～⑭是在描述「東照宮的華麗之美」，而⑮中的「這三座建築物」指的是「法隆寺之美」、「姬路城之美」和「東照宮之美」，所以是我弄錯了。

學生：××同學和A同學都說⑩～⑭同屬一個大段落，而⑮是這個大段落的說明，但我覺得 也可以和 統整在一起。因為⑯的「這些建築物」就包含了這三座建築物，所以我覺得⑮和⑯可以統整成一個大段落。

（省略）

學生：我的看法有點不一樣。我認為⑩～⑭的統整說明是⑮，⑩～⑮的統整說明是⑯，因為⑯說「每次看到這些建築物」。

學生：我覺得不對。如果那樣的話，⑮的「這三座建築物」就很奇怪了。（省略）我覺得正確的分段是，②～④統整成「法隆寺之美」，⑤～⑦為「姬路城之美」，然後⑧⑨將這兩大段統整成「簡約之美」；接著，⑩～⑭描述了「東照宮之美」，再用⑮⑯的「這些文化遺產非常棒，日本人能夠建造出這些建築物讓人非常感動」來統整②～⑭。

學生：聽了××同學的意見後，我懂了。我認為他那樣分是對的。

（省略，多數贊同）

學生：我想請問B同學（省略，針對B同學的思考過程圖）。我覺得②～⑨、⑩～⑭這兩大段，是用⑮⑯做總結，最後與①前後呼應。

學生B：我認為一開始是說「在許許多多的文化遺產中，特別令人著迷的是建築物之美」，然後②～④是在說明「這些建築物的美」，所以可以把①～

⑭當成一個大段落；而⑮⑯作者想表達的是「日本人能夠做出這麼美麗的建築物很了不起」，所以我才將①～⑭的統整與⑮⑯連起來。

學生：我的看法不一樣。從剛才大家的意見就會知道，⑮⑯是在統整②～⑭，表達「建築物的美」。然後這個統整又回應到①的「在眾多文化遺產中，特別喜歡建築物的美」。

學生Ａ：聽了大家的意見後，我漸漸明白了。我修改了我的看法，我認為⑮⑯在說「創造出這麼美麗的建築物真了不起」，然後這個統整又回到①，與「特別著迷於建築的美」相呼應。

學生Ｂ：我懂了。我覺得我的腦袋清晰多了。

教師：我們已經學會從文章脈絡去分出大段落、抓重點了。現在我們來討論一下，看我們能不能做出更深入的總結。

學生：我想請問Ｂ同學。根據Ａ同學的整理，我認為這篇文章的總結應該是「建築物很了不起」才對。為什麼呢？因為它先說明法隆寺、姬路城和東照宮的美，所以我認為作者想表達的是「建築物的了不起之處」。如果是這樣，你的總結「日本人很了不起」就有點奇怪了。

學生B：我在寫「預測」的時候只想到「建築物非常棒」，但在做「大塊分段」和「標示重點」時，又覺得只是這樣好像不太完整。（省略）原因是⑮⑯，特別是的「每次看到這些建築物，我都無法不對創作出我們日本人之美的力量，升起全新的感動與喜悅。」我覺得這是在表達「透過建築物的美，我們知道能夠做出如此美麗建築的日本人真的很了不起」的意思。

（省略）

學生：我懂了。在這篇文章中，⑯是最重要的重點，說出「我們日本人具有美的創造力」。我讀出其中的含義了，作者是在說：「日本人能夠做出如此優秀的建築，真的很了不起。」

學生：雖然××同學這樣說，但我還是不太明白。這篇文章提到「法隆寺之美」、「姬路城之美」、「東照宮之美」，所以這篇文章的重點是「建築之美」

才對，我不認為是在說「建造出這些建築物的日本人很了不起」。

學生：雖然××同學這樣說，但我認為作者想表達的是「能夠建造出這麼棒的建築物，這點很了不起」。作者分別說明了「法隆寺」、「姬路城」、「東照宮」等建築物的優美，藉此表達「日本人愛好美麗事物的心靈很了不起」。

（同學們意見對立，爭執不休）

教師：你們不要只捕捉文章表面的意思，要去進一步理解「作者透過這篇文章想要表達的內容」。

學生：起先我以為這篇文章是在寫「建築物的美」，但聽了××同學和其他同學的意見後，我漸漸明白光這樣可能只是表面上理解，沒有抓到文章真正的內涵。

（以下省略）

（摘自沖山光《學科上思考學習的開發》，第二章　深度開發的國語教育　實踐案例2－四年級）3

不好意思，引用部分很長，但我想各位應該已經多少理解結構學習的內容，也感受到上課氣氛了吧。A同學和B同學修改過後的思考過程圖如左頁。

這些思考訓練和分析結果，沒有絕對的正確答案。

在那本書上，後面有接著出現老師的一段話，老師認為「透過建築物的了不起，進而明白建造的人都有一顆了不起的心」已經算是「深度解讀」了，但並沒有說這就是「正確答案」。整個學習過程的重點只在於讀到什麼、如何分析結構、為何如此解讀。

能夠進行多方思考、深度解讀是件好事，即使和別人意見不同也無所謂，這種能力會在閱讀其他文章時派上用場，也會提高對所有事情的思考能力。

國語測驗多半會提示文章將說未說的選項給學生選擇，或是讓他們做文章摘要，要求寫出正確答案，但國語課真正的成果應該不在追求正確答案，而在於培養出深度的讀解力。

A同學和B同學的思考過程圖（更新版）

A同學的回饋

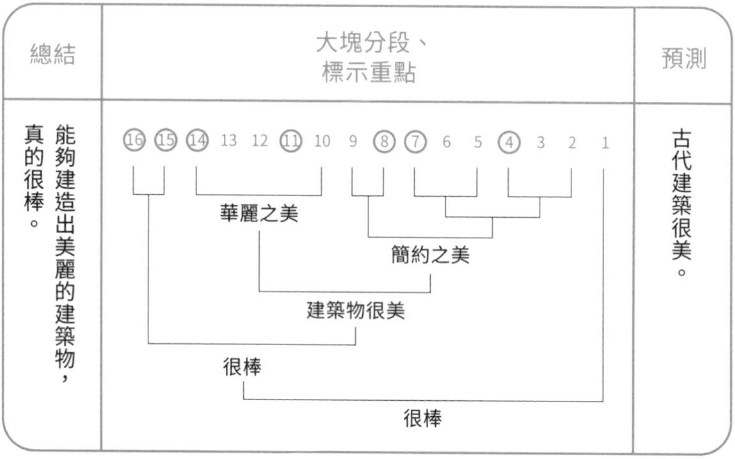

B同學的回饋

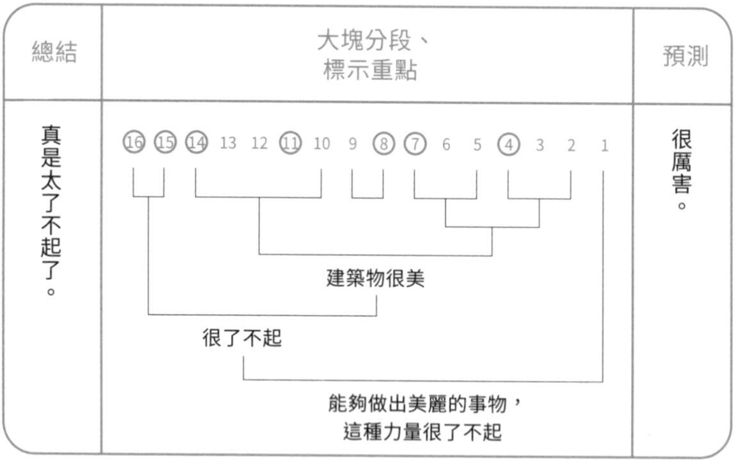

解讀故事人物的心情

我小時候的閱讀是從繪本開始的，所以不曾討厭讀書這件事，在接觸「結構學習」之後，我變得更加喜歡讀書了。

說到小學時期的閱讀，我喜歡的主要是故事和小說。即便是故事讀解，結構學習採取的方法仍與論說文相似。我們會看段落，把意思相關的段落統整起來，看全文是以什麼樣的結構組成，並解釋其中蘊含的訊息；這個過程與論說文的進行方式大致相同，不同之處在於，在拆解結構和解釋訊息時，還會去考慮登場人物的心情。

當時，用口語寫出登場人物的心情這件事，特別讓我覺得有趣。我們不只為主角獨白，還要變成配角，寫出他們的心情，這實在太好玩了。過程中不但能理解到更多種心情的變化，更讓閱讀變得趣味橫生。主角可能是這麼想的，但他的朋友可能會那麼想——有時候，我甚至更容易與配角產生共鳴呢！

人們總是希望能夠理解對方在想些什麼。有時可以直接問對方，但有時只能透過想像。這不是件容易的事，而且也往往很難完全猜中對方的想法。人的思想是複雜且難以捉摸的。

過去我總沒辦法做得很好，現在也仍然在學習中，還有很大的進步空間。但我認為，**這種思考訓練能幫助我們培養關心他人、感受與站在他人立場思考的習慣**。即便不能完全猜透對方的想法，但在面對對方時，有沒有用心去理解對方的心情，常常會出現不同的對話結果。

在學習和考試方面，我對我的記憶力完全沒自信，也很怕大考，就連考駕照的筆試我也曾經過不了關。但我喜歡作文、描述問題，以及寫小論文。無關背誦，而是用寫作或口述的方式去獲得別人的理解；沒有正確答案，而是用自己的方式來回答。比起不是○就是×的是非題世界，我更喜歡這種寫作方式的親切感。

我認為，**讀解，最終就是理解他人腦中的思緒**。在國語教學上，「解讀」一詞經常是指理解他人所寫的文章，也就是讀解他人的思緒；不僅僅是理解文字寫出的內容，還包括聆聽他人講話、理解他人的意思。在閱讀故事時，我們會去解讀他人的立場；在日常生活和交涉場合中，我們也會去解讀對方的立場和心情；還有所謂的「整理思緒」，這也是一種對於自己所思所想的一種解讀。

「結構學習」教我學會這項技巧。我希望能將這個好處分享給更多人，不僅兒童，也包括成年人。

不過，「結構學習」究竟是為哪些人創立的？目前可以去哪裡學習呢？許多疑問湧上心頭，於是我決定重回大學，學習教育課程。

3

回到大學重新學習教育，終於研究出的「結構讀解力」

二〇二一年四月，我進入東京大學教育學系，依規定是進入該系三年級就讀，而非研究所。這兩年期間，我除了當學生，也在一家管理學院教授批判性思維和市場行銷等課程，生活充滿刺激。

我一直對教育感興趣，有了孩子後，興趣更加濃厚。開始在管理學院上課後，我意識到自己雖然學過行銷和思維方法等我所授課的內容，卻沒學過「教學」這件事，因此希望能夠系統性地學習這方面的知識。

然而，最重要的是，**我想要更深入研究「結構學習」**。儘管當時我已經拜訪了恩師，獲贈了幾本書和彼時的教材，也大致明白這個理論了，但我仍然並不清楚「結構學習」目前都在哪裡進行？如何進行？對象是小學生嗎？國中生和成年人也學得到嗎？

結構讀解可以提升思考能力的原因

人們進入所謂的「VUCA時代」已經有好一段時間了。「VUCA」是取Volatility（變動性）、Uncertainty（不確定性）、Complexity（複雜性）和Ambiguity（曖昧性）的首字母組合而成；原本是一個軍事用語，意指冷戰後複雜的對抗結構，但近年也用來形容變化快速的現代社會。總之，這個世界變得越來越難理解了。

為了在這個難以理解的世界生存下去，增加理解力才是王道；方法很多，其中之一就是作為「共通語言」的「邏輯」。

如何使用邏輯來思考和交流呢？既然我們已經進入VUCA時代，我認為邏輯的重要性大增，在教育現場也應教導這門學問才對，而結構學習中的「讀解」，就是一種邏輯訓練。

讓我們看一下日本的學校教育吧！我雖然碰巧在小學時接觸到了結構學習，但當時它並不是國語教育的主流。

當時的國語教學，不外乎閱讀課本、學習漢字、撰寫段落大意、搞懂指示詞的內容，然後寫感想或進行討論。如果是故事性文章，就會討論主角當時的心情，然後要大家寫出感想。

考試的話，不是考填空題，就是考文章摘要，這類有明確對錯答案的問題。雖然不是毫無意義，但藉此究竟能訓練思考到什麼程度，我是存疑的。

從昭和初期開始，國語和語言就被視為「訓練科目」。說英語是一種訓練，這很容易理解吧。國語和英語都是語言，學習它們就是在進行訓練。即便是自己的母語，我們也很難說得完美，因此仍須接受訓練，達到可自由運用語言的程度——這既是「英語」課的目的，也是「國語」課的宗旨。

那麼，能夠自由運用語言又是為了什麼呢？用來交談嗎？這確實是其一目的。用來閱讀嗎？這也是一個目的。

自由運用語言的終極目標是——思考。閱讀和交談都是建立在思考之上的。如果沒有語言，人們就無法思考。學習英語幾乎等同是在進行英語的「訓練」，一旦到了高級程度，訓練的目標早已超過單字和文法，而是如何用英語思考，以及建立在英語思考上的會話。人們都是透過語言訓練來鍛鍊思考的。日常思考的累積也是一種訓練，但訓練量的多寡至關重要。方法則是五花八門，有的很高明，有的效果不彰。

把國語課時間花在背詞語和生字，甚至是死背文章上，我認為是非常浪費的。如果不訓練思考，背這些又有什麼用呢？

成年人要如何培養結構讀解力？

話說回來，各位應該大多是離開學生時代已久，上國語課的時光已成追憶的成年人了吧？

我覺得我能在童年時期接觸到結構學習，真的很幸運。因為不論什麼事，小時候學過，後來再學就會輕鬆許多。一般來說，兒童的可塑性和適應力較強，大多數的訓練都能快速學會，而且兒童時期學會的事情多半會成為「習慣」，有了「讀解習慣」的人，就會比沒有此習慣的人學得更輕鬆有趣。

那麼，已經長大成人才學就來不及了嗎？

近年，非認知能力廣受各界關注。「由於長大成人再培養非認知能力有各種難度，因此幼兒教育十分重要」的論述，在教育學系裡更是聽到膩了。所謂「非認知能力」，指的是自尊心、自制力、耐心、領導力、動機等難以用考試或智力測驗來衡量的能力。至於解讀能力，有時實在很難分辨它是非認知能力或認知能力，若以它是國語這門科目的一環來看，它可能屬於認知能力，但它又很難用考試來衡量，因此也有部分屬於非認知能力吧。

無論如何，我完全不認為成年人學習為時已晚，或者已無法培養新能力。**成年人的武器是「後設認知」**。後設認知是一種能力，意指能夠對自己的認知活動進行客觀的認知。

舉個例子，意識到自己不擅長理解文脈就是一種後設認知；意識到自己對他人的共感與大多數人不太相同，也是後設認知。透過如此認知，成年人會知道自己有必要改變的部分，並且渴望改變，同時也可以設定改變的方向，思考如何彌補自己的不足。

此外，如果有適當的指導，應該也能提升自己的能力和技巧，這和成年人學習批判性思維或設計思維的過程是一樣的道理。

與批判性思維的共通點

正如前文所述，結構學習與大學研究所或企業培訓中教的批判性思維是兩件事，但仍有許多共通之處。

批判性思維中的「議題」，在結構學習中就是主題，即作者「想要表達的事情」；而批判性思維中的「分解」和「框架」，就是結構學習中的「文章結構」。

在我大學畢業進入顧問諮詢公司時，他們告訴我，批判性思維是一開始就該學會的思考方式。當時的我讀完了他們給我的相關書籍後，覺得：「這跟我小時候聽到的很像啊。」

在我過去授課的那間管理學院中，批判性思維也是入門課程。從事諮詢工作的人、學習企業管理的人，首先就該學習批判性思維，因為在商務討論和做決策時，準能派上用場。

而在與他人合作，或是整個團隊、部門、公司要做決策，以推動事務向前發展時，邏輯是超越語言的終極「共通語言」。當與不懂日語的外國人共事時，即使我們的英語不是很流利，只要邏輯通順且有故事性，就能互相理解進而合作下去，因為雙方都有共同的推論基礎。

因此，成年人也能學會結構學習，而且未來它極可能仍是一種非常有價值的理論及學習方法。

讓「結構讀解」成為商務人士的必備技能

我在大學學習了教育基本知識，研究結構學習後，知道結構學習本身基本上是一個初等教育的教育理論，主要透過學校的課程來指導學生，也知道過去它曾在日本全國廣泛實踐，甚至傳播到韓國，但現在實踐的教師少了很多，也只有少數小學還在實踐。

就我的了解，這麼有用的學習方法其實只有極少數人接觸過，大多數人都不知道。對無法重回小學生時期的成年人來說，還沒來得及注意就已變得毫不相干、無緣相遇了。真的好可惜。

正如前文所述，我想將這個原本設定為小學課程的「結構學習」，推廣成人人都可學習的「結構讀解」。我會將這套理論和方法在忠於「結構學習」的情況下傳達出來，希望大眾明白，**「讀解」對成年人的工作和生活同樣大有幫助**。我也會精選適合成年人閱讀的文章來作為訓練題材。即便不在小學教室裡，成年人也可以藉此提升思考能力。

透過「結構讀解」訓練，人人都能提升思考品質，讓工作和溝通變得更輕鬆、更有趣——這是本書最大的期望，希望它能成為各位學習上的指引。

第 2 章

讀解邏輯

1 邏輯是一種超越語言的語言
2 建立預測
3 讀解文章的結構
4 掌握結構的幾種模式
5 將日常「閱讀」行為當成思考訓練

1 邏輯是一種超越語言的語言

不好意思，我不喜歡英語。因為父親工作調動的關係，我從一歲到四歲都住在新加坡。有一天，我父母外出，把我交給一個完全不會講日語的保姆，等到父母回來時，我的臉色蒼白，連本來已經會說的日語也說得結結巴巴。這段故事是後來別人告訴我的，我完全不記得了，但我覺得這個經歷已經形成所謂的心理創傷。

國中、高中上課時還好，但如果突然要我跟外國人交談，我就會非常緊張，戒備心過度，什麼都聽不見，半句話也說不出來。

這樣的我，最後竟然進入了一家外資企業工作。雖然我是在日本分公司上班，因此不必全英語工作，但仍得到國外與外國同事一起接受全英語的培訓，此外，如果客戶是外資，也必須用英語討論。

可奇怪的是，我居然做得還不錯。交換留學後，我的英語能力確實進步不少，但在那之前，我也大致應付得過來，畢竟我連交換留學也都順利畢業了。雖然在公司是團隊合作、在學校有朋友，總有英語很厲害的人幫我，但還是有得自己出面應付的時候，然而我也都過關了。

為什麼呢？我認為是**推理發揮了作用**。資料是這樣走的，那麼接下來會是什麼樣呢？昨天是這樣，那麼今天也會這樣吧？我就是用這種方式「讀解」出眼前事態的發展情況的。

當然，具備一定程度的英語單字和文法知識很重要，但如果能掌握到「有A就有B」、「C之後是D」、「E的相反是F」這些邏輯的話，即使遇到不懂的單字或難以聽懂的句子，也能解讀出接下來的情況。

特別是我過去從事的管理顧問工作，邏輯性絕對必要。這份工作涉及向客戶和相關人士提出建議、相互理解，進行討論並遊說，然後共同合作。在共通的邏輯基礎上，即使語言有點不通，工作還是可以繼續推動。

留學期間，因為我學的是商業，所以同樣可以在共通的邏輯基礎上進行交流。就這層意義而言，如果我們能夠「讀解」邏輯，某個程度上就能超越語言和國籍，與全世界競爭。

利用讀解文章來鍛鍊邏輯能力

什麼是「讀解」邏輯呢？

提到「讀解」，通常會想到的是解讀別人寫的內容吧？國語課的解讀練習，主要是閱讀簡單的說明文和論說文，來理解其根據與想要表達的內容。

只有國語科目才需要解讀嗎？其實只要是學生，無論數學、社會還是自然科學等科目，都需要去理解其根據與想表達的內容。這也是為什麼國語會被視為其他科目的基礎。

再說，理解「對方究竟根據什麼？說了什麼？」的能力，在各種溝通場合上都是不可或缺的。日常交流中，更是口語交流遠多於書面交流吧！人們總是因為想表達某些事情而開口說話。

「拿一下那裡的鹽。」

「明天會下雨，外出的事改到後天喔！」

若是這類簡單的請求、事實的傳遞、訊息的交換並不困難，但在涉及非三言兩語可說清楚的商務計畫或協商談判時，傳達真正意圖就是一件十分不容易的事——傳達訊息的人有責任表達清楚；而接受訊息的人也有責任要正確解讀。

接收訊息的人想要當場正確解讀對方的意圖，並不是雙方都精通某一種共通語言就沒問題了，事情沒那麼簡單。這需要訓練，每個人都是從會說話開始，不斷累積大量的對話，藉此訓練正確理解能力的。

我認為讀解書寫出來的內容，比起當場理解說話的內容更容易。當然，這取決於內容的難易度。艱深的文章即使寫下來也可能難以理解，但如果內容簡單，光口頭傳達就夠清楚了。

不過，內容相同的情況下，書面內容通常會有較多的理解時間。你可以反覆閱讀，思考：「是不是這樣？」、「是不是那樣？」我認為，這個過程不僅可以讓人理解書寫的內容，也能訓練當場理解談話內容的能力，而這就是國語讀解的真正宗旨。

國語課本的內容，通常會挑選對該年紀的小學生而言，詞彙容易理解，主題和文章脈容易掌握，同時多少帶點挑戰性的文章。有些老師會另外影印一些文章給學生，我想應該也是基於這種觀點挑選出來的。

我依然記得小學三年級在課堂上讀過一篇關於雪國生活的文章，印象中那不是課文，是老師影印給我們的講義。我已經不記得其作者和標題，只記得開頭出現了「根雪」* 一詞，內容是在描述雪國居民的生活樣貌。這篇文章感覺有點輕描淡寫，但不曾在雪國生活的我，倒是讀到了雪國生活的辛苦與浪漫，並完全理解作者以「根雪」一詞破題的意圖。作者的邏輯是從「根雪」開始，帶出「雪下ろし」†、「雪囲い」‡ 等詞彙，表現出雪國的生活情境。

閱讀別人寫的說明文、論說文，讀出其中邏輯，進而形成自己的思考，這就是讀解的第一步。

* 編註：日文詞彙，指尚未融化的積雪、殘雪。

† 編註：日文詞彙，指剷除屋簷積雪的動作，或飄著雪的風。

‡ 編註：日文詞彙，防雪柵欄。

2 建立預測

首先，請閱讀以下文章。

遺留在牆上的留言

井上恭介

此刻你站在廣島的人群中，能想像半個多世紀前的「那一天」嗎？能想像當時原子彈爆炸，使得四周變成一片焦土，宛如地獄般的景象嗎？對我這個從東京外派到廣島的人來說，根本無從想像。我從外派來的第一天起，就為了將在隔年八月六日原爆紀念日播出的特別節目，而開始採訪「那一天」的事。

（摘自《現代國語2》三省堂）4

這是日本國中二年級國語課本中某篇文章的一節。儘管只有短短幾行，你能想像接下來的情節嗎？

截至目前，我們可以知道——

- **有人在牆上留言……從標題推測出來的。**
- **故事發生在廣島，與原子彈爆炸有關。**
- **作者是一名節目製作相關人士，原本在東京，因工作關係外派到廣島。**
- **他正準備做一個將在八月六日原爆紀念日播出的特別節目。**

光是這些，我們就能預見，文章接下來將講述有關原子彈爆炸後的留言內容。

甚至可以想像，這個留言的對象可能是當時被迫分開的家人；可能會在電視節目中出現留言的內容，讀了那個留言或是看了電視節目的人，就能想像筆者當時站在廣島街上，所無法想像的「原子彈丟下」那一刻的情景。

順帶一提，這段文字的後續內容是這樣的：

……受害者的描述及身影、原爆後的照片、展示於資料館中的焦黑便當盒和破爛的衣服。雖然我試圖將這些片段整合在一起，但我始終無法確定那真的就是那一天的廣島嗎？

在這樣的情況下，我看到了「留言」。

在剝落的牆面下

位於廣島市中心的袋町小學。一座清爽的白色鋼筋混凝土長方形校舍。在牆壁下面，我看見「原爆受災留言」的一部分。當時是一九九九年春天。在為了重建校舍而進行牆壁檢查作業時，樓梯旁一塊牆面突然剝落，露出底下像是文字痕跡的東西。仔細一看，看得出上面寫的是「案內」*。

為什麼「看得出」那個勉強算是「文字痕跡」的東西呢？因為許多人都知道，在原爆後，有一張照片拍下了這面牆……。[4]

閱讀文章開頭，預見後續發展的能力——這就是一種類推能力。即透過學過的單字及其意義、從前聽過的相關故事等，對正在閱讀的文章發展進行推測。

測量孩子的智力發展時，也常會測驗類推能力。不論閱讀文章或聆聽別人講話，人都會自然而然對後續的內容進行推測，事實上，有些人的類推能力很強，有些人則較弱。

此外，有研究結果[5]顯示，從文化習慣的角度來看，類推能力依然受到語言的強烈影響，可以說，人們就是透過語言來培養讀解力的。

＊編註：日文詞彙，有引導、嚮導之意。

鍛鍊「預測後續的能力」

這種「預測後續的能力」也是讀解力的一種，那麼要如何鍛鍊呢？如果將「預測後續的能力」視為類推能力，就需要類推的基礎——閱讀文章或單字時能產生想像的大腦資料庫。資料庫的內容越豐富，類推就會越順利。

因此，首先能做的是——

①多體驗各種生活，多接觸各種資訊，讓資料庫的內容更豐富。

閱讀書籍和報章雜誌等，都是重要且有效的方法。提升讀解力和提升類推能力，可說是雞生蛋、蛋生雞的關係，只要提升類推能力，讀解力自然會提升，於是類推能力也就獲得提升……如此不斷產生正向的循環。

另一個方法則是——

②平時閱讀文章時，刻意去預測文章後續的發展。

這裡的關鍵是「刻意」。如前所述，人們在閱讀或聽別人講話時，通常會預測後續的內容，但每個人的預測程度和詳細程度大有差異，因此，請刻意用心去預測：「那麼，我就來猜猜接下來會怎樣吧！」然後抱著期待的心情繼續看下去：「我猜到了嗎？結果是怎樣呢？」

即便猜錯了也無需沮喪。這不是考試，而且文章寫的也未必正確，說不定你想的才更有趣呢！訓練「預測後續發展能力」的這個行為本身才是最重要的。

這種「預測後續的能力」，正是一種邏輯思維。用來訓練的文章類型最好是說明文或論說文。並非故事文和小說就絕對不行，但**一般認為，論說文和說明文會更適合培養邏輯思維**。雜誌上的文章、報紙上的社論等，都是不錯的題材，無論如何，請先試著預測文章後續的發展吧！

順帶一提，在結構學習中，「預測」指的是將國語課本上的文章讀過一遍後，針對作者想表達的內容提出自己的假設。

收錄在小學課本上的文章通常比較簡短，而且之後老師會在課堂上進行指導，因此可以先讓學生讀過一遍，建立自己的假設，再透過老師的教導來驗證。這種做法也可說是一種對文章主旨的預測。

3 讀解文章的結構

就讓我們從一個簡單的例子開始吧！或許你會覺得太簡單，但我想借用小學低年級的文章來說明結構讀解的基本方式。以下就是我們要看的文章，我已經先一句一句做了編號。

①鳥類的身體是專門為了在空中飛行而設計的。
②牠們的身體裡面有許多個氣囊。
③當鳥類呼吸時，氣囊會充滿空氣而膨脹。
④因為這些氣囊的幫助，牠們的身體變得很輕盈，容易飛行。

⑤鳥類骨頭的內部是空的。
⑥就像竹子一樣。
⑦這也是讓牠們的身體變得輕盈，很容易飛行的原因。
（摘自日本全國結構學習研究會研究雜誌《結構學習》6，部分內容經過改寫）

結構學習有專門的訓練教材，裡面收集了許多像這樣的句子，我們要先進行結構分析，再以圖表的形式展示出來。請參考左頁圖表。

接下來，我們就用剛才這篇已經編號完成、以「鳥類身體」開頭的文章來試試看吧！

該文章想表達的是「鳥類的身體被設計成適合在空中飛行」。通常，句子①的內容幾乎就是整篇文章的主旨。如此一開始就出現結論，讓人可以馬上建立「預測」。

那麼，這篇文章的結構究竟是什麼樣子呢？

視覺化以後，結構一目瞭然

長期在結構學習研究會擔任中央講師的金井里子老師曾提到：「建構文章時，每一個句子都有其獨特的價值。」[6]她還用了「重量」兩字來形容。在此文章中①的句子代表了整個文章的主題，因此它是最有價值、最有重量的句子。

在這篇文章中，有幾個句子可以視為與①有相同重量。它們是②和⑤。理由是：②描述了鳥類的體內有氣囊、⑤則提到骨頭內部是空的；這兩句都在說明①鳥類的身體是為了飛行而設計的，

結構學習教材

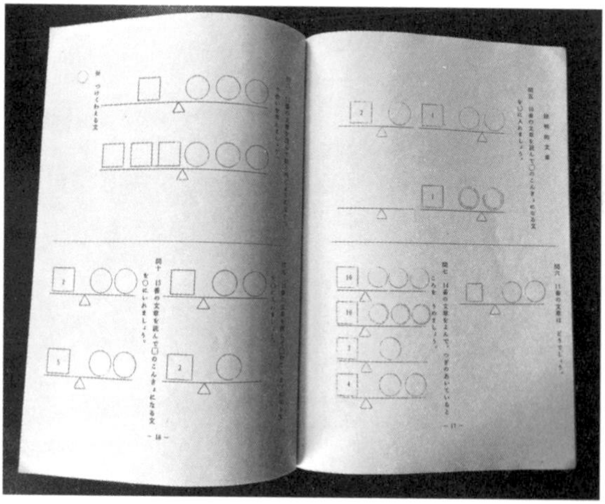

也就是說，文章用②和⑤來解釋①，因此才說它們「重量相同」。③和④都是在對②做進一步的解釋，而⑥和⑦則是對⑤做進一步解釋。

如果把它們放在天秤上，差不多就是下圖的樣子；這裡先省略掉解釋②和⑤的③、④、⑥、⑦。

「重量」當然是個比喻，當我們說這個句子「很重」，表示它在整篇文章裡具有相當的「重要性」，而「重要性」意味著它能好好表達出整篇文章的意思。

天秤圖很適合用來表現「重量」的概念，自然也適合用來表示文章的結構，小孩子一看就能理解，因此經常出現在結構學習的訓練中。

表示文章重量的天秤圖

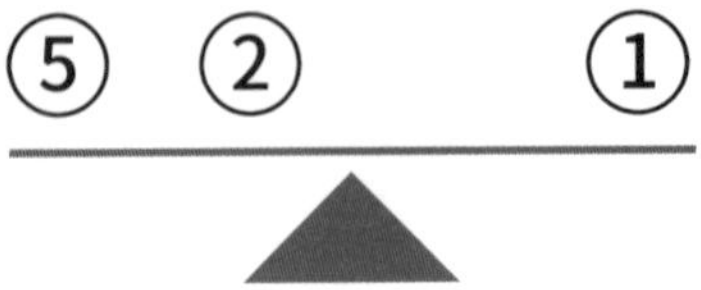

事實上，將事物的結構予以視覺化這個方法，不僅適用於文章，還適用於理解各種事物的結構。圖示當然不會只有天秤圖。在展示文章結構時，也可以利用其他類型的圖表，例如下圖。

這篇文章雖然很短，但是藉由下方這個圖表我們能夠知道，它有結構，是由句子這個構成要素所組成，而且在每個結構中，都有一個「中心」要素。

接著，我們來看下一篇文章。

表示文章結構的圖表

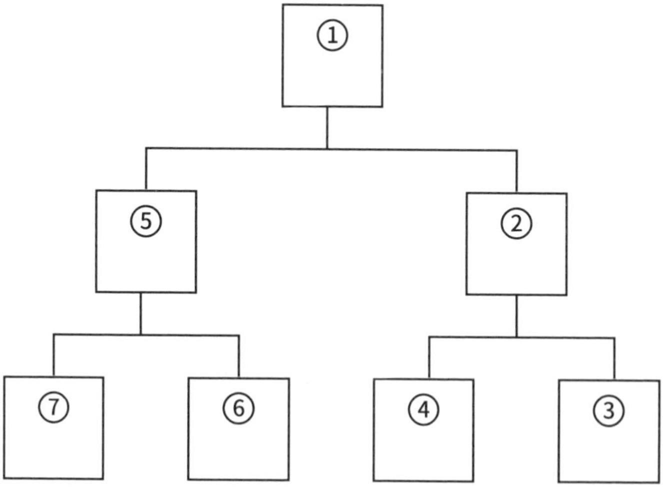

①在雪國，一到冬天，四處便會被大雪覆蓋，鏟雪沒完沒了。
②然而，不管雪下得多厚、多深，雪國的孩子們都不會被打敗。
③首先，即便冷得要命，他們也不會躲在家裡。
④他們會跑出去，大玩特玩。
⑤坐上雪橇，穿上滑雪板，盡情地滑雪。
⑥全身熱乎乎的。
⑦他們會成群聚在一起打雪仗，打得熱鬧滾滾。
⑧就算被打在臉上，也沒有哪個孩子哭。
⑨有時他們會舉行堆雪人比賽，或者玩雪雕比賽。

（摘自全國結構學習研究會研究雜誌《結構學習》6，部分內容經過改寫）

首先，讀①和②的時候，可能會搞不清楚本文是要以①為主而展開大雪的話題，或是從②開始展開小朋友的話題。但②一開頭就出現「然而」，表示改變話題，而且讀了③和④之後，就會明白這是在講小朋友的事，因此，文章的中心是②。掌握這點後，我們接著來思考文章的結構。

這篇文章可能不適用天秤圖，但應該可以用其他形式來表現出句子與句子的關係吧？可不可以用第七十三頁那個圖呢？

你的大腦中，是不是已經浮現將文章結構視覺化之後的模樣了？

說到「讀解」，或許你會認為：「只要理解作者想表達的就夠了吧？」、「只要知道②是全文的重點就夠了吧！」當然，有時候是這樣沒錯。但通常將文章視覺化來掌握其結構是很有幫助的。

為什麼呢？因為這樣做會更容易理解作者的意圖。

以剛剛那篇文章來說，③和④在全文中是扮演什麼角色呢？⑤、⑦、⑨又是如何呢？

③和④是作者最想說的②的「根據」，⑤、⑦、⑨是「例子」；而⑥和⑧分別補強了⑤和⑦，①則是導入。

富邏輯性的文章，幾乎都會說明內容的根據。「會○○喔。為什麼？因為有這些根據啊。」作者會用這種方式來說服讀者。

讀解不是只有獲得知識和資訊而已，還要明白為什麼會這樣，可

將〈雪國之冬〉的結構予以視覺化

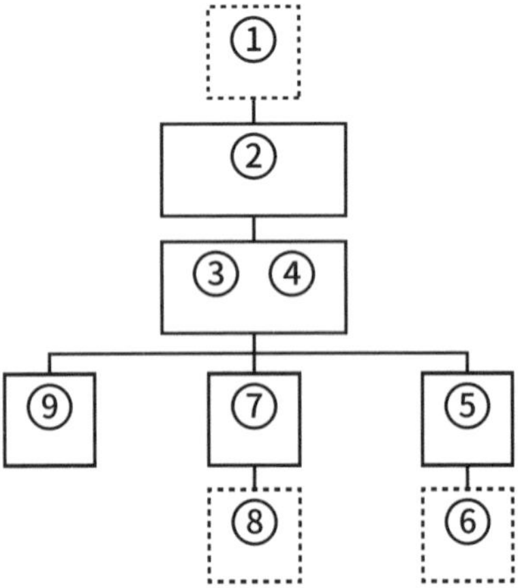

以說，**讀解是作者與讀者之間的對話**。讀解就是思考，也是工作和學習的引擎。此外，我在本書後面也會做詳細的說明，如果我們能夠解讀文章的結構，當我們要發送訊息時，就能夠更有邏輯地組織文章，因為發送訊息與接受訊息是互為表裡的兩個動作。

接下來這篇文章的段落和篇幅都較長，先讓我們來看看它的結構吧！

動物園能做的事

奧山英登

①當問到「動物園的功能是什麼？」時，大家會如何回答呢？

②是家庭親子共度時光的好地方、是朋友或情侶開心聊天的好地方……。不分男女老少，各行各業的人都會來動物園。根據日本全國各地動物園的數據，一年總共有高達三千萬人次造訪。因此，動物園的功能無疑是提供人們一個

休閒娛樂的場所。身為一名在動物園工作的人，每天都能看到人們享受動物園的模樣，真的非常開心。

③然而，動物園除了提供休閒娛樂之外，還有更重要的功能。

④二十世紀以來，野生動物的自然環境急劇惡化，許多動物碰上瀕臨絕種的危機。在這種情況下，動物園肩負起保護野生動物，並將其傳給下一代的功能。為此，必須進行野生動物的研究與調查，這也是動物園的功能之一。

⑤另外，為人們提供學習野生動物和自然環境的場所，更是動物園的重要功能。地球上的生物，包括人類，在某種程度上都相互關聯，形成了複雜且多樣的機制。能夠讓我們實際面對活生生的野生動物，了解牠們及牠們的生活環境，學習與牠們共處的意義和重要性的，正是動物園。

⑥這麼說來，動物園具有四大功能。這些功能彼此息息相關，而且都非常重要。但令人遺憾的是，除了提供休閒娛樂之外，大眾並不熟悉其他功能，動物園常常也未善盡宣傳工作。

⑦我在動物園擔任飼育員，並且負責在那裡舉辦的教育活動，換句話說，我的工作是研究並實現一個可學習野生動物和自然環境的場所。因此，對於如何在現有的「娛樂場所」中加入「學習場所」功能，對動物園和我個人而言，都是重要的課題。首先，動物園必須是一個歡樂的園地，同時，愉快的學習體驗也是不可或缺的。然而，歡樂的園地和愉快的體驗，未必能直接促成學習。

⑧例如，動物園有一個項目是「與動物互動」。觸摸、抱抱、餵食等互動，是動物園特有的活動，吸引了許多人。天竺鼠和山羊等家寵和家畜，已經被人類馴化和利用，很適合這類互動活動。但要與野生動物進行互動卻是有困難的。牠們雖然被飼養在動物園，但由於本來生活在自然環境中，習慣與人類保持距離。即便可以進行這種互動，但我們因此認識的野生動物樣貌，也與牠們實際在自然環境中的生活樣貌有很大的差距。親近動物、喜歡動物有利於學習，但這種互動似乎無法讓人真正了解野生動物。

⑨那麼，讓動物穿上衣服或進行表演的動物秀呢？例如：馬戲團經常會有動物

表演。我也曾有過這種愉快的體驗，看動物逗趣的表演，總是會讓我忍不住就笑出聲音，深受感動。然而，這類的演出依然不太適合用來了解野生動物與自然環境。

⑩那麼，要如何將「娛樂場所」和「學習場所」結合在一起呢？我過去工作的旭川市旭山動物園，就思考並實踐了這個理想。我想透過實例來介紹我們是怎麼辦到的。

⑪首先，我們來看看紅毛猩猩的展示狀況……

（省略）

㉑就像這樣，不論是紅毛猩猩、企鵝還是蝦夷鹿，乃至其他動物，我們的展示方式一定會讓野生動物充分展現魅力，我們也會特別介紹牠們的魅力所在，例如：美麗、優雅、堅毅、躍動，有時甚至是可怕的樣貌和行為，在在都叫人著迷。這種充滿驚奇的感動經驗，肯定讓人更想了解牠們、保護牠們的環境，於是，動物園同時兼具「娛樂場所」和「學習場所」的可能性就拓展出

來了。

㉒希望大家多多造訪各式各樣的動物園，最好能一去再去，開心地遊玩，好好地學習。我相信這樣的學習，將成為我們與野生動物同在這個地球上幸福生活下去的關鍵力量。

（摘自《現代國語2》三省堂）7

在第⑪段和第㉑段之間有個（省略），各位能推測出這裡寫了什麼內容嗎？

是的，從第⑪段起，應該是先介紹「紅毛猩猩的案例」，接著是「企鵝的案例」和「蝦夷鹿的案例」。因為第⑩段的最後寫道：「我想透過實例來介紹我們是怎麼辦到的。」且第⑪段以「首先，我們來看看紅毛猩猩的展示狀況」開頭，表示紅毛猩猩是作者舉的第一個案例。而第㉑段的開頭則是「不論是紅毛猩猩、企鵝還是蝦夷鹿……」表示除了紅毛猩猩之外，文章中還有企鵝和蝦夷鹿的案例。這部分就是

（省略）的內容，是基於前述內容而做的預測和類推，同時也是在讀解文章的結構。

那麼，紅毛猩猩、企鵝和蝦夷鹿的「案例」內容，又會是什麼樣子呢？這裡肯定不會只是動物園的動物案例而已，應該還有旭川市旭山動物園為了實現兼具「娛樂場所」和「學習場所」功能而採取的措施。這三個例子共用了十個段落的篇幅，可見作者很用心在強調動物園可以同時兼具「娛樂場所」和「學習場所」兩種功能。這點也是從文章結構中讀解出來的。

換句話說，就讀解這層意義而言，結構可說是表現作者意圖的一種設計方式。透過結構和設計，我們可以讀解出作者想要表達的內容。

理解文章結構，掌握全文脈絡

那麼，接著來掌握全文脈絡吧，包括省略掉的部分。

首先，在這篇文章中，作者「想要表達的內容」是什麼呢？我認為他想要表達的是：「為了使動物園兼具『娛樂場所』與『學習場所』功能，動物園應該採取足以展現動物魅力的展示方式，並進行解說。」

既然知道最重要的內容了，那麼夠了吧？如果是「閱讀」一般的文章，這樣應該夠了；讀者已經接收到最重要的訊息，作者可以放心了才對。但如果這樣，為什麼不是只寫出那段話就結束了呢？

比如說，文章是這樣的話，你會有什麼感覺？

為了使動物園不僅是娛樂場所，同時還能兼具學習場所的功能，應可思考如何展示以展現野生動物的魅力，並進行導覽和解說。

這樣的文章有點無聊吧？

為什麼會讓人覺得無聊呢？

首先，作為讀者的我們會覺得：「或許他說的沒錯，但他憑什麼這樣說？」儘管「最想表達的內容」是作者的主張，但作為接收訊息的一方，我們總會想知道他背後的根據是什麼。作者想要提出某種主張，就必須也提出一定的根據，毫無根據是不可能說服讀者的，因此，與其說是想寫出根據，不如說是不得不寫出根據為何。

再說，為什麼要談論動物園既是娛樂場所又是學習場所這個話題呢？這不是大多數讀者會思考的話題，應該是作者希望讀者能了解現狀，以獲得大家的認同與支持，然後和大家一同做出改變。既然作者希望獲得讀者的理解，勢必就得說明為何要討論這個課題。

讀完整篇文章後，應該就能知道作者想表達的內容是什麼了，因為作者會將主張分成好幾個段落，用整篇文章來表達。換句話說，**如果我們想要真正理解作者的意圖，最好的方式就是閱讀整篇文章，並理解文章結構。**

我學過的結構學習有一個前提，就是必須掌握全文脈絡。二戰前，日本的國語教育主要是教授文字和句子的涵義。雖然這也很有意義，但「語言」本身是思考和表達的工具，單獨的詞語並不能實現這個目的，唯有放在文章脈絡之中，它們才有意義。

在國語教學上，首先是要閱讀整篇文章，直觀地理解作者想要表達的內容，然後從自然段中掌握住意義段。「自然段」指的是在文章中另起一行，並且先空兩格再開始撰寫的段落；「意義段」則是由一個或多個自然段組成，且它們的意義是互相關聯的。據說「意義段」是結構學習的創始人沖山光所創的一個專業用語[8]。以「意義段」為中心，把握文章的結構，重新理解整篇文章的主旨，這就是所謂的「讀解」，也是一種思考訓練。

將作者的設計圖予以視覺化

現在，我們要進入動物園文章的「讀解」部分。在這篇文章中，你認為最重要的部分是編號第幾段呢？這一段應該要寫出作者想要表達的內容、結論。

是第㉑段吧？這一段寫的是旭山動物園所實踐的事情。作者最關心的是他在前面提出的問題：「動物園如何兼顧娛樂與學習功能？」這是作者在這篇文章中設定的主題，也可說是在邀請大家集思廣益，思考解決對策。而第㉑段中也提出了一個對策：「採取可展現野生動物魅力的展示方式，並且介紹牠們的魅力所在。」

那麼，我們就試著用段落編號，將這篇文章以視覺化的方式呈現出來。例如，像下一頁這樣的圖表。

如此圖表所示，動物園的四個功能被分配到三個段落之中，這樣的結構可能有點難以理解吧？而且，文章中還有一些省略掉的段落編號，它們是在為這裡的相關段落進行補充說明，因此和其他相關段落一起成為「意義段」。

將結構予以視覺化的方式不只這一種，應該還有很多種方法才對。在此我們還以灰色標示，並且畫上底線。

〈動物園能做的事〉的視覺化

①問題：動物園的功能是什麼？

↑

②娛樂場所

④保護野生動物

對野生動物進行調查、研究

⑤可學習野生動物和自然環境的場所

4個功能

⇩

⑦如何兼具「娛樂場所」與「學習場所」的功能，是我們面對的課題。

（似乎無法兼具——⑧⑨）

⇧

⑩問題：如何結合？

↑

㉑採取可展現野生動物魅力的展示方式，並且介紹牠們的魅力所在。

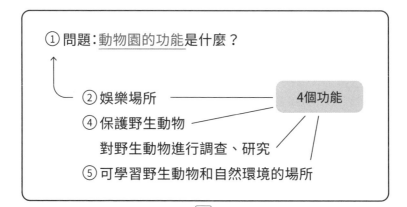

無論用什麼表現方式，重要的是——

- **將作者最想表達的內容清楚呈現出來。**
- **將作者最想表達的內容與其他事情的關係、結構，用最容易理解的方式加以視覺化。**

4

掌握結構的幾種模式

論說文、說明文等類型的文章，一般都會有所主張，有所根據。新聞報導、商品或服務的介紹文、商業雜誌中的文章等，大多屬於這個類型。

換句話說，通常只要解讀出作者如何利用根據來支持其主張就行了。這種主張與根據的關係有幾種模式，接著來了解一下。

① 演繹法與歸納法

主張與根據的關係，不外乎演繹法和歸納法兩種類型。

●演繹法

《旺文社世界史事典》中明載，演繹法是一種「從某個前提出發，以必然性為依據，逐步匯出結論的一種思維方法，與歸納法的概念相對立。這是笛卡爾（René Descartes）創立的一種哲學方法論，後來成為理性主義（Rationalism）邏輯思維方法的基礎。」

簡而言之，演繹法是從某個前提（規則或法則）出發，將某個事物套用上去後，必然得出某種結論的一種思考方法，可以用「因為規則是這個樣子，所以會發生這樣的結果」來解釋。

此外，小學館的《數位大辭泉》（デジタル大辞泉）中也有「三段論法最具代表性」的記載。例如：「人類會死（前提）↓蘇格拉底是人（套用上去的事情）↓蘇格拉底（再怎麼有智慧都）會死（結論）」，這樣的三段論法也是屬於演繹法。

● 歸納法

同樣是《旺文社世界史事典》中的記載，歸納法是「從經驗、實驗等個別的具體例子中，得出普遍性結論的一種思維方法，與演繹法的概念相對立。由法蘭西斯・培根（Francis Bacon）所創立，由約翰・史都華・密爾（John Stuart Mill）集大成，被視為英國經驗主義的一種邏輯思維方法。」

這種方法是思考事情有哪些共同要素，然後得出結論。各位不妨想像有一個案例，並且有其他許多個案例與這個案例的情況相同，這樣就比較容易理解主張與根據之間的關係，例如：「因為A和B都是〇〇，那麼C也會是〇〇」。

論說文和說明文多半會提到主張與根據，因此只要看作者是採用哪一種模式——已有規則或法則之類的前提，而作者也認為該案例符合這個前提（演繹法）；或是舉出其他案例來進行主張（歸納法）——就很容易掌握文章的結構了。

此外，若是使用演繹法，要注意哪些部分是前提或規則，哪些部分是主張；至於歸納法，則要注意哪些部分是例子，哪些部分是主張——這樣就能更清楚地看出文章結構了。

②段落構成的三種模式

前面提過，關於文章的結構，以段落為單位來思考會比較容易了解，但段落的構成也有幾種不同的模式。以下介紹幾個常見模式，但未必每一篇文章都能套進這些模式中，這點請先理解。

● CREC（Conclusion、Reason、Examples、Conclusion）

先提出主張或結論，然後列出一般性的根據，接著列出支持該根據的許多個例子，最後再次確認主張或結論。這種段落構成在英文文章中經常出現。我在管理學院教導批判性思維課程時也會介紹，大部分的商業文書都是採用這種模式。

● **引言、內容、結論（開始、中段、結尾）**

這種模式有些模糊不清，但通常會在開頭帶入課題的設定，「內容」部分則是舉出案例、寫出作者的想法，然後加以說明，最後導出結論。這是日文文章常見的構成模式。由於內容的部分會隨文章而異，比較難歸納成一個明確的模式，但通常越接近結尾，話題的重要性越會大增，某個意義上，這種模式更容易閱讀。

● **起承轉合**

這種模式在故事文中很常見，但也會在說明文、論說文中使用。一開始即切入話題，寫出與結論相關的故事或其他事情，然後逐漸進入正題，中間可能會有一些話題的轉換，最後再進行總結。

也許有些人已經注意到了，這三種段落構成模式都在最後導出結論。可說最後的意義段通常都很重要。

5

將日常「閱讀」行為當成思考訓練

相信至此，各位已經了解文章具有結構，也了解掌握結構的重要性和便利性，以及用來掌握結構的幾種段落構成模式了。一如之前提到的，語言能力和閱讀理解能力都能透過訓練來加以提升。孩子們有國語課本和考試用參考書教材可用，那麼成年人應該用什麼來進行訓練呢？

在寫這本書的過程中，我參考了日本的國中教科書。各位可以閱讀孩子的教科書來進行之前介紹過的預測及視覺化練習，但有些人可能拿不到這些教材，也有些人可能沒時間去找書。

教材① 報紙的社論

我推薦以報紙的社論作為「成年人的教材」。有些人喜歡閱讀電子報，那也完全沒問題。社論是一種非常簡潔的文體，作者想要傳達的訊息相對明確，而且段落通常劃分得清清楚楚，非常適合作為訓練教材。

就讓我們擇例來看一下。

國際最大消費電子展「CES」在美國拉斯維加斯舉行，持續至八日為止，汽車相關展示紛紛登場。其中引人注目的是軟體技術。屬於大型產業的汽車界也開始涉足這塊新領域。我們希望日本企業能大膽挑戰，成為全世界的佼佼者。

汽車軟體的範圍相當廣泛，具代表性的項目包括自動駕駛系統、車內娛樂系統，以及包含語音導航在內的駕駛輔助系統等。據說各汽車公司已著手開發將這些應用程式集於一身的車載作業系統（OS）。

在CES上，德國馬牌輪胎（Continental）展示他們新開發的駕駛輔助系統，而歐洲斯泰蘭蒂斯（Stellantis）則宣布將建立關於汽車數據的新部門。日本方面，索尼集團和本田汽車共同出資的子公司Sony Honda Mobility，則是展示了最新的電動車（EV）原型車。

值得注意的是，他們很少提及傳統汽車價值中的續航里程和駕駛感受，而是強調遊戲和感測等軟體的力量。

汽車產業已是發展達百年之久的巨大產業。過去，技術競爭主要集中在內燃機技術等硬體方面，並展現組裝三萬多個零件的「磨合力」，現在則加入新的競爭主軸——軟體。

在軟體應用方面，新興的美國特斯拉（Tesla）獨步領先，然而競爭才剛剛開始。對於在IT（資訊科技）方面落後美國的日本來說，這是一個反撲的好機會，而對於依然支撐著日本經濟的汽車產業來說，這也是一個不容失敗的領域。

因此，我們需要引進傳統汽車產業未曾有過的新思維。就像本田汽車與索尼合作一樣，我們需要擺脫既往商業關係的束縛，激發更靈活的創意。此外，對員工的數位教育也將是一個新課題。

這是百年來的一次巨大變革。期待汽車產業再創新局。

（引自《日本經濟新聞》，二〇二三年一月十一日，社論，部分文字已經過修改）

這篇文章不算太長，讀過一遍後，應該就能抓住主旨。通常我們只會「閱讀」社論，讀完就結束了，但「讀解」是要在抓住主旨後，進一步思考該主旨到底對不對，換句話說也就是一種思考訓練。

以這篇文章來說，作者「最想表達的內容」應該是：「在汽車產業的重大轉變中，由於市場對汽車軟體的需求增加，因此期待日本汽車產業能夠抓住這個良機再創新局。」

接下來，我們要分析結構以確認主旨。或許有人會覺得這篇文章的自然段分法太細，但反正文章不長，我們就暫且保留它的分法，先重新區分出意義段。在每個意義段的後面空一行，並以線條區隔開來。

接著，請從每個意義段中找出關鍵句。可以畫線或用粗體字表示。一個意義段落中可以有多個自然段，但盡量不要太多。

國際最大消費電子展「CES」在美國拉斯維加斯舉行，持續至八日為止，汽車相關展示紛紛登場。**其中引人注目的是軟體技術。屬於大型產業的汽車界也開始涉足這塊新領域。**我們希望日本企業能大膽挑戰，成為全世界的佼佼者。

汽車軟體的範圍相當廣泛，具代表性的項目包括自動駕駛系統、車內娛樂系統，以及包含語音導航在內的駕駛輔助系統等。據說各汽車公司已著手開發將這些應用程式集於一身的車載作業系統（OS）。

在CES上，德國馬牌輪胎（Continental）展示他們新開發的駕駛輔助系統，而歐洲斯泰蘭蒂斯（Stellantis）則宣布將建立關於汽車數據的新部門。日本方面，索尼集團和本田汽車共同出資的子公司Sony Honda Mobility，則是展示了最新的電動車（EV）原型車。

值得注意的是，**他們很少提及傳統汽車價值**中的續航里程和駕駛感受，**而是強調遊戲和感測等軟體的力量**。

汽車產業已是發展達百年之久的巨大產業。過去，技術競爭主要集中在內燃機技術等硬體方面，並展現組裝三萬多個零件的「磨合力」，**現在則加入新的競爭主軸——軟體**。

在軟體應用方面，新興的美國特斯拉（Tesla）獨步領先，然而競爭才剛剛開始。**對於在IT（資訊科技）方面落後美國的日本來說，這是一個反撲的好機會**，而對於依然支撐著日本經濟的汽車產業來說，這也是一個不容失敗的領域。因此，我們需要引進傳統汽車產業未曾有過的新思維。就像本田汽車與索尼合作一樣，我們需要擺脫既往商業關係的束縛，激發更靈活的創意。此外，對員工的數位教育也將是一個新課題。

這是百年來的一次巨大變革。**期待汽車產業再創新局**。

（引自《日本經濟新聞》，二〇二三年一月十一日，社論，部分文字已經過修改）

由於第二個意義段是「舉例」，因此沒有畫線或加粗體。在確定意義段和關鍵句之後，接著再思考意義段的結構和組成，然後予以視覺化。

如此可得，這篇社論以每年一月舉辦的消費電子展CES及其展出為例，說明汽車界正在改變——汽車電腦化，軟體變得更加重要。全文主旨為「我們期待日本

將報紙的社論予以視覺化

汽車軟體
＝
新競爭主軸

╳「續航距離」
╳「駕駛感受」
} 傳統的價值

〈例〉 CES　德國馬牌輪胎：駕駛輔助系統
歐洲斯泰蘭蒂斯：數據部門
索尼集團和本田汽車：電動車的原型車

⇧

期待日本汽車產業
能抓住捲土重來的契機，再創新局！

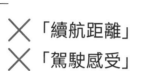

的相關產業能夠捲土重來，開創新局」。

教材② 報紙的專欄

報紙上除了社論外，還會有所謂的「專欄」。例如：朝日新聞的「天聲人語」就非常有名，其他還有日本經濟新聞的「春秋」、每日新聞的「餘錄」，以及產經新聞的「產經抄」等。

這些專欄文章不採用自然分段，而是在分段處打上「▼」符號，簡單明瞭。我上小學時，老師就曾拿這些文章當作結構學習的教材。

我們來看一個例子。

在報社，負責整理報導的人稱為「編輯」，有點像是運動隊伍的教練。我在從事這個工作時，經常看野村克也總教練的書來尋找靈感，其中有一句話深植我心，那就是「絕對不會用結果論來斥責球員」。▼無論是三振還是其他失誤，只要經過充分思考及準備，依然能從那些失敗中學到不少東西。他總會勉勵隊員：「不就是輸了一場比賽而已嗎？」並且給予建議。▼有別於「野村再生工廠」，本季的中央聯盟出現了「高津再生工廠」一詞。高津臣吾總教練帶領的東京養樂多燕子隊，從連續兩年吊車尾一舉躍上冠軍寶座。「他的帶隊風格就是不指責球員的失誤。」本報記者如此寫道。▼他在提拔新人投手時，也經常告訴他們：「我不會逼你們非贏不可，而是請你們努力學習，把每一場比賽都當作寶貴的經驗。」他會確保先發投手有充足的休息時間，有時甚至連續休息十天。在沒有雙位數勝利投手的情況下贏得冠軍，實在是一項驚人的成就。▼高津總教練過去擔任投手時，曾接受野村總教練的指導。儘管球速不算快，他仍積極尋找三振對手的方式，並以慢速伸卡球為武器，在美國大聯盟、韓國和台灣職棒皆有優異的表現。對了，野村總教練就在他的著作中說過，指導教練需要有一些在球員時期不斷苦惱、下工夫的經驗。▼同樣地，太平洋聯盟的冠軍隊伍歐力士猛牛隊，也是從墊底躍升至頂點。中嶋聰總教練選用年輕球員或困居二軍的球員，喚醒他們的鬥志。相對於有些球隊砸大錢簽下優秀球員然後過度操用，這兩支隊伍的做法截然不同，令人備受鼓舞。

（二〇二一年十月三十日，朝日新聞晨刊專欄「天聲人語」，部分文字已經過修改）

我覺得這篇文章看起來雖簡單，但其實沒那麼簡單。首先，讀過一遍後，並不容易掌握明確表現出主旨的關鍵句。其中光是關於野村和高津兩位總教練的指導方式及球隊帶領方法等，就占了篇幅的一大半。

硬要說的話，最後那句「相對於有些球團砸大錢簽下優秀球員然後過度操用，這兩支球隊的做法截然不同，讓人感到鼓舞。」似乎是作者想要表達的重點內容，但最終究竟是想批評「砸大錢簽下優秀球員然後過度操用」這個在本文中首次出現的球隊經營方法，還是想表達「令人感到鼓舞」呢？著實叫人困惑。

仔細看一下，用▼分隔的段落分得相當細（短）。下面就讓我們用編號來代替

▼符號，然後在每一段中作者表現感動之處、想批判之處畫上紅線，再來思考文章的結構。

①在報社，負責整理報導的人稱為「編輯」，有點像是運動隊伍的教練。我在從事這個工作時，經常看野村克也總教練的書來尋找靈感，**其中有一句話深植我心，那就是「絕對不會用結果論來斥責球員」。**

②無論是三振還是其他失誤，只要經過充分思考及準備，依然能從那些失敗中學到不少東西。他總會勉勵隊員：「不就是輸了一場比賽而已嗎？」並且給予建議。

③有別於「野村再生工廠」，本季的中央聯盟出現了「高津再生工廠」一詞。高津臣吾總教練帶領的東京養樂多燕子隊，從連續兩年吊車尾一舉躍上冠軍寶座。**「他的帶隊風格就是不指責球員的失誤。」本報記者如此寫道。**

④他在提拔新人投手時，也經常告訴他們：「我不會逼你們非贏不可，而是請

你們努力學習，把每一場比賽都當作寶貴的經驗。」**他會確保先發投手有充足的休息時間，有時甚至連續休息十天。**在沒有雙位數勝利投手的情況下贏得冠軍，實在是一項驚人的成就。

⑤高津總教練過去擔任投手時，曾接受野村總教練的指導。儘管球速不算快，他仍積極尋找三振對手的方式，並以慢速伸卡球為武器，在美國大聯盟、韓國和台灣職棒皆有優異的表現。**對了，野村總教練就在他的著作中說過，指導教練需要有一些在球員時期不斷苦惱、下工夫的經驗。**

⑥同樣地，太平洋聯盟的冠軍隊伍歐力士猛牛隊，也是從墊底躍升至頂點。**中嶋聰總教練選用年輕球員或困居二軍的球員，喚醒他們的鬥志。相對於有些球隊砸大錢簽下優秀球員然後過度操用，這兩支隊伍的做法截然不同，令人備受鼓舞。**

（二〇二一年十月三十日，朝日新聞晨刊專欄「天聲人語」，部分文字已經過修改）

各位完成視覺化了嗎？

我做出了下一頁的圖表。第⑥段包含了對中嶋總教練的敘述和全文的總結，雖然無法以自然段為單位來顯示結構，但我認為應該是這樣沒錯。

作者以這一年奪得聯盟冠軍的養樂多燕子隊總教練高津臣吾的指導原則「不責怪球員輸球，而是重視每一次失敗的經驗」為主，並且推測這項指導原則是繼承自前總教練野村克也，然後指出奪得太平洋聯盟冠軍的中嶋總教練也同樣採取了相似的指導原則，最後認為正是這樣的指導原則促使他們的隊伍獲得勝利，並為此「備受鼓舞」。

不過，我認為這是表面的主張，真正的主旨是在對其他隊伍採取「砸大錢簽下優秀球員然後過度操用」的方式提出批判。各位覺得呢？

作者想要表達的內容、作者的意圖，應該只有作者才知道，但讀者可以自由讀

將報紙專欄予以視覺化

中央聯盟冠軍	太平洋聯盟冠軍
養樂多燕子隊	歐力士猛牛隊

野村前總教練

①不以結果論來斥責球員

②經過思考及準備後，即便失敗也能學到不少東西

高津總教練

③不怪罪球員的失敗

④讓先發投手充分休息

⑤指導教練需要有一些在球員時期不斷下工夫的經驗

備受鼓舞

中嶋總教練

⑥選用年輕球員或困居二軍的球員，喚醒他們的鬥志

✕ 砸大錢簽下優秀球員然後過度操用

解。讀解不是測驗，而是一種思考訓練，一種有趣的思維方式。

順帶一提，據說「天聲人語」有六〇三字、六個段落的限制（各家報紙不同）。前面那篇文章，最後將歐力士猛牛隊的例子和總結一起塞進去，或許是出於這樣的內規。

二〇一六年四月開始擔任該專欄作者之一的有田哲文老師，將選題重點分為以下三點——

①必須寫的事情。

②自己能夠寫的事情。

③自己想寫的事情。

根據他的說法，①是沒得選擇，非寫不可的事，但②和③，他會盡量挑選讓自己感動的事、能興起人們「喜怒哀樂」情緒的事。他認為，寫得越有感情，文章就越能引起共鳴，當自己的情感與時事話題結合時，就會產生新的想法，也就會轉變成想要寫的東西。[9]

此外，他還寫道：「如果你讀到第二段時覺得無聊，那我就輸了。」以及：「如果各位看完『天聲人語』，又從別的文章中讀到相關主題，並且產生不一樣的想法，我會很高興的。」[10]

比起論說文，專欄文章更偏向散文一點，有時不太容易把握到作者的主張；相對地，社論通常都是論說文。無論哪一種，只要你當天、當時認為它適合當成教材，不妨就試著拿來讀解文章結構，有時間的話，就再進一步將其視覺化。

以報紙來說，只要你覺得內容有趣，專欄以外的文章也全都可以用來練習讀解文章結構。

教材③　商業雜誌的文章

接下來是商業雜誌的文章。

談到商業，範圍可說相當廣泛，有些更是針對特定行業而作的專業雜誌，因此只要選擇你感興趣的，或是需要關注的主題即可。相對於報紙，雜誌的文章通常比較長。但我們在工作上或日常生活中，有時也需要解讀這種篇幅的文章，不妨就把它當成訓練教材來進行。

不過，要對商業雜誌的文章進行段落編號，再予以視覺化……，這些動作或許不難，但很花時間，可量力而為。

只要一邊閱讀，一邊用心去預測後續內容，掌握主旨即可。過程中你只要像這樣去思考分辨：「這是例句吧，是為了說明那件事而舉的例子吧！」理解讀到的內容在全文中擔任什麼角色功能就夠了。

教材④　論說性的書籍

當然，也有論說性的書籍。閱讀這些書籍通常需要相當多的時間，可能不適合作為結構讀解的訓練，但這些書的目錄多半是經過結構化的結果，值得參考。

我絕不是在否定閱讀論說性書籍的價值。大量閱讀有助於提升讀解力，這點無庸置疑。閱讀之後，思考作者在數百頁的內容中想傳達什麼訊息、以何種根據和論證來支持主旨，對於提升讀解力都大有助益。你可以準備寫一篇書評的心態來閱讀（不必真的寫出來），請務必試試。

第 3 章

讀解人物的心情

1 讀解故事的功用

故事文和說明文一樣，在國語課程中具有重要地位。為什麼呢？

從嬰兒時期開始，別人讀給我們聽的就都是故事，幼兒園和托兒所的繪本大部分也都是故事，當我們初能閱讀文字時，所接觸的書籍大多也都是故事吧？故事的下一步是小說，如果轉化成影像，就變成電視劇、動畫和電影。

故事和小說讓我們體驗日常生活中無法體驗到的事物，透過那些內容或模擬體驗，我們能瞭解人生百態、豐富自己的生活。而其中一個入口，就是在學校學習的故事文。

在國語課上教導故事文，我認為最重要的意義是預先為將來閱讀故事和小說做準備，幫助我們學會透過閱讀故事和小說來豐富人生。因此，我們應該讓孩子愉快地閱讀故事、體驗故事、感受故事。然而，國語課程有時候會過於注重（不可能會有的）「正確答案」，因此反而產生了相反的效果，這點正如本書開頭的例子所述，不容否定。

我想告訴大家的是，享受故事可以獲得一些附加效果。透過在學校閱讀故事文，我們不僅可以享受小說，還可以**學習如何讀解人物，理解各種情境以及登場人物的心情，感受當時的氛圍**。這些都是閱讀故事文所獲得的能力。這些能力不僅是享受小說的重要條件，也是現實生活中必備的生存能力。

各位知道《小狐狸阿權》（ごん狐，新美南吉）這個故事嗎？這是一個長期出現在日本小學國語課本上的日本童話故事。故事講述一隻獨自生活且愛惡作劇的狐狸「阿權」，經常捉弄和年邁老母親相依為命的兵十。有一天，兵十的母親去世了，阿權意識到是自己的惡作劇導致兵十無法實現母親最後的願望。從那時候起，阿權就以贖罪的心情，經常偷偷送栗子和松茸給兵十。兵十一直以為這是神明送來的禮物。有一天，他發現阿權躲在角落，於是拿起火繩槍將阿權射死。阿權中槍後，兵十走近一看，發現阿權手上拿著栗子，後悔不已地說：「阿權，沒想到是你？一直送我栗子的就是你嗎？」阿權點點頭後，氣絕身亡。

沒有正確或不正確的解讀

在某間學校的國語課上，老師問了這樣的問題：

「為什麼阿權老是要惡作劇？」

許多孩子回答道：

「因為他沒有朋友。」
「因為他很孤單寂寞。」

但有個孩子的看法不一樣，他的回答是：
「不對，因為阿權是個壞孩子。」

這個孩子跟媽媽一起生活，每當媽媽外出工作時，他總是一個人待在家裡。他也經常惡作劇。他的處境和跟阿權十分類似，因此很容易感同身受。這個孩子已經習慣獨自玩耍，所以並不特別感到孤單寂寞，也不覺得自己可憐。只要有朋友在身邊，他就能跟朋友一起玩；有大人在身邊時，他也能夠正常交談。他覺得阿權和他只是剛好有很多自己一個人獨處的時間罷了。然後，他一惡作劇，就會被叫成「壞孩子」。

看了這課堂的對話之，你有什麼想法呢？「因為阿權是個壞孩子」這個答案相信很多人都會覺得不正確，或是覺得不完全正確吧？你會認為提出這個答案的孩子解讀能力有問題嗎？對於處境和阿權相似的這個孩子所提出的答案「因為他是個壞孩子」，又該如何處理比較好呢？

我們先不討論因為愛惡作劇而被冠上「壞孩子」惡名的這個孩子的境遇，客觀來說，這個孩子應該很寂寞吧？只不過他已習慣這種感覺，因此大多數孩子認為的「寂寞」，恐怕他早就不覺得那是一種「寂寞」了。

順帶一提，在另一個場合，老師問了這樣的問題：

「阿權為什麼要送栗子和松茸給兵十？」

同樣地，許多孩子都回答：

「因為他知道自己做錯事。」

「因為他覺得兵十孤伶伶的很可憐。」

而剛才回答「因為他是個壞孩子」的那個孩子，這次的看法和大家一樣，認為「孤伶伶」真的很「可憐」。

在思考這孩子的解讀能力時，我認為還是應該尊重他的看法。

雖然大多數人都會從「經常聽到的事情」、「經常聽到的事情的來龍去脈」來判斷「是因為寂寞」，但我也認為，真正瞭解該立場、處境的人，他們的主觀認知會與別人有些不一樣。

我們**不是要界定哪個答案正確或不正確，而是要明白不同的人會有各種不同的思考和感受方式**。想真正站在他人的角度思考，就要盡可能地瞭解其背景和經歷，加以推敲，然後產生共鳴，並且持續實踐這一整套過程。

我認為這才是讀解力所要達成的目標。

在會議和交涉場合中很有用的「讀人能力」

我們常說人不能獨自生活。獨自生活是非常困難的，大部分人都會與社會或社區保持某種接觸，在互助中生活。工作也是如此，大部分人都是在某個團隊或公司上班。雖然有些工作可以一人獨自完成，但多半還是會與他人（客戶或合作夥伴）一起推動工作。

在會議和交涉場合上，內容當然非常重要——內容本身多半具邏輯性，必須依結構進行讀解，這點前面已經提過了。但在會議、交涉，或與他人一起行動時，我們還有另一項需要掌握的技巧，那就是「讀人」。

人各有不同的性格、成長過程和處境，而且可說是千差萬別。這就是所謂的「個人背景」。正因此，就算我們將事情條理分明地傳達給對方，對方也未必能完全理解；就算大腦理解了，對方的感受也未必和我們一樣。

同樣一件事，樂觀的人做成功後會覺得很簡單，但沒有經驗又偏向悲觀的人，或許會覺得很可怕，根本做不到。關於對方的性格和背景，有時我們在初次接觸時就能掌握幾分，有時則需要透過持續交流來逐漸瞭解，因此，我們要會視情況改變表達方式或表達順序，以讓對方明白我們的意思。

在工作、會議和交涉時，我們通常會有一些目標，例如：透過協助對方來改變事情，或者希望以特定價格出售產品，甚至可能是想搞定這個商談以獲得晉升機會等。對方也一樣。**希望達成的目標與對方一致最好，但未必每次都能這麼理想**。可能各有盤算的情況還比較多，因此也就演變成了「交涉」，正所謂「百人有百種正義」。即便沒有想要惡整對方、打敗對方，但只要目標不同，就有可能產生衝突。

首先，**要認識到每個人都有其情況和心情，而且與自己完全不同的人，與沒有**

相同認知的人，他們在溝通時的表現及溝通後的結果都將大不同。如果自以為是地猜測對方的情況和心情，更可能得到天差地別的結果。

這種猜測不會每次都準，不準的時候恐怕更多。當然還是要看對象，但無論如何，讀人其實沒有那麼簡單吧？

有些人很擅長讀解對方的情況和心情，即便不是百分之百準確；而有些人則不然。日本人常說某人很會或不會「讀空氣」（空気を読む），甚至會說：「某人就是因為不會讀空氣才那樣。」「讀空氣」意指去解讀現場的氛圍，這跟思考對方的背景有點像，兩者有其相通的部分，至少讀人和讀空氣這兩件事本質上應該是相同的。

不善於讀取對方情況的人，在會議和交涉中，往往會被對方意想不到的反應嚇到。最糟糕的下場是惹惱對方，使談話無法進行下去。即便不算完美，但擅長讀取對方情況的人，遇到這種窘境的頻率較低，他們通常能夠順利將有邏輯的內容表達給對方知道，獲得進一步的結果。能夠讀空氣、讀人，顯然比不會的人更有優勢。

讀人的能力，可以透過參與各種會議和交涉場合來訓練，但閱讀故事和小說、「閱讀」登場人物，也是很好的訓練方式。我認為，小學國語課上的解讀故事文，就是在進行這種訓練。接下來，我選出了一篇適合結構學習的故事，讓我們透過讀解該故事的內容，一起體驗讀人的過程吧。

2

徹底扮演故事中的人物

接下來，我們就趕快透過故事文來試著「讀人」吧！

下面是之前提到過的《小狐狸阿權》中的一段文字。

相信很多日本人都很懷念這篇文章，就讓我們一起來讀讀看吧！

大約過了十天，阿權經過一個名叫彌助的農夫家，看到屋子後面的無花果樹下，彌助的妻子正在染黑牙齒。接著，經過一個名叫新兵衛的鐵匠家，看到屋子後面，新兵衛的妻子正在梳理頭髮。阿權心想：「嗯，村裡似乎有什麼事。」

「會是什麼事呢？是祭典嗎？如果有祭典的話，應該會聽到太鼓和笛子的聲音，神宮也會豎起旗幟才對。」

阿權邊走邊想，不知不覺來到了門前有一口紅磚水井的兵十家。這個小小的、破破爛爛的房子裡聚集了許多人。穿著外出服，腰間垂著手巾的婦女們，在外面的爐灶上生火。大鍋中煮著什麼東西，咕嚕咕嚕地冒著煙。

「啊，是喪禮。」阿權想。

「兵十家的誰死掉了呢？」

中午過後，阿權來到村莊的墓地，躲在六地藏菩薩背後。風和日麗，遠處的城堡屋頂在陽光下閃閃發光。墓地上的彼岸花綿延綻放，彷彿一串串紅色布條。

（省略）

阿權踮起腳往裡面一看，兵十穿著白色喪服，手上捧著牌位。原本他總是神采奕奕，臉色像紅薯般紅潤，今天卻顯得意志消沉。

「原來死的是兵十的老母親啊！」

阿權邊想邊把頭縮回來。

那天晚上，阿權待在洞穴裡思考。

「那時肯定是兵十的老母親躺在床上，說她想吃鰻魚吧。所以兵十才拿出魚網去捕魚。結果我捉弄他，把魚拿走，害他沒辦法讓老母親吃到鰻魚。他的老母親一定是因為這樣死掉了。啊，想必他的老母親一直想著吃鰻魚，最後遺憾地死掉了。唉，我要是不捉弄兵十就好了。」

兵十在紅磚水井旁邊淘洗麥子。從前他和老母親兩人過著窮困的日子，現在老母親死了，剩下他孤伶伶一個人。

「兵十也像我一樣，變成孤伶伶一個人了？」

阿權躲在柴房後面看著兵十，這麼想著。

阿權離開柴房，準備往前走時，某處傳來賣沙丁魚的聲音。

「便宜的沙丁魚，活跳跳的沙丁魚！」

阿權往那個響亮的叫賣聲跑去。就在這時候，彌助的妻子從後門叫住魚販：「我要買一些沙丁魚。」於是魚販把載著沙丁魚籠的車子擱在路旁，雙手抓了幾隻閃閃發亮的沙丁魚，拿進彌助的家。阿權趁機從魚籠裡抓出五、六條沙丁魚，然後往回跑；牠一路跑回兵十家，把沙丁魚丟進去，再跑回自己的洞穴。當牠跑到半路的山坡上，回頭一看，看見了遠方兵十仍在水井旁邊淘洗麥子的小小身影。

阿權心想，為了彌補放走鰻魚的罪過，自己總算開始做了一件好事。

（摘自《新美南吉童話集》岩波文庫，岩波書店，部分內容經過修改）

最後有個地方我畫上了邊線。請用口語寫出在那段文字的時間點上，主角懷抱著什麼樣的心情。這裡不是要你寫下自己的解讀方式，而是將你自己當成主角，用口語寫出當時的心情。

例如，可能會是這樣：

很好，兵十那傢伙正在忙著洗麥子，好像什麼都沒發現。剛剛好緊張啊！是說，現在正是沙丁魚的季節，肯定好吃的啦，等兵十發現家裡有魚，一定高興死了。搞不好會吃驚地說：「這裡怎麼會有魚？是誰拿來的？」沒鰻魚只好用沙丁魚代替，這樣也能讓人吃出好精神來嗎？唉，已經沒辦法讓他母親吃到鰻魚了……無論如何，至少希望兵十能打起精神來！

阿權跑到山坡上還回頭看，想必是掛心著兵十和沙丁魚販。首先應該是擔心是否被人發現，然後也想知道兵十是否發現屋裡的沙丁魚。

除此之外，阿權也很在意魚販會不會發現而追了過來，會不會從兵十家拿回沙丁魚，還在意兵十看到沙丁魚是不是很高興。

然而兵十似乎沒發現，他正在淘洗麥子，大概是在準備晚餐吧？他喜歡吃沙丁魚嗎？這是來路不明的沙丁魚，他會吃嗎？雖然這些魚不可能取代鰻魚給已經死掉的母親品嘗，但至少兵十能吃，這算是阿權的贖罪，總希望能為兵十做點什麼才好。

應該是這樣的心情吧？

不過，也有可能是這個樣子——

啊，好累啊。總算搞定！賣魚的和兵十都沒發現到我。誰叫我那個時候愛亂搞呢！兵十的老母親不在了，他一個人孤伶伶看起來怪可憐的。雖然不是鰻魚，但先吃點沙丁魚打起精神吧。未來我也會暗地幫助你的。今天的事幹得挺漂亮呢！

前面畫線部分的後頭，接著這段文字：「阿權心想，為了彌補放走鰻魚的罪過，自己總算開始做了一件好事。」由此可知，阿權的心情是還想繼續做好事來贖

罪的。

前後文的內容，以及畫上邊線的句子，都是理解當時主角心情的直接線索。

不過，除此之外，我們過去的經驗和當時的感受，也都是極為重要的線索。犯錯後感到後悔的經驗、想要彌補的心情或是曾經彌補過的經驗，以及對自己剛剛做過的事情感到擔憂而不斷回想——這些經驗都會真實重現才對。雖然不如直接的經驗那樣強烈，但虛擬體驗，例如：閱讀書籍、觀看電影或電視劇等，全都算是經驗。

像這樣，**你可以根據前後文的內容和自己的經驗，用自己的方式來讀解主角的心情，這種能力還會超越文章讀解，幫助你在與人對話時，讀解對方的心情。**

我說「用自己的方式」，是因為關於這個主角的心情描寫，並沒有正確答案。我提供兩種心情描寫做為範例，不是要說前一個比較好或後一個比較好，也不是要比較哪一個比較好。況且，肯定有人的描寫方式完全不一樣吧！

另一方面，更現實的問題是，當我們要猜想對方的心情時，對方內心多半已有正確答案了。只是要找到這個答案非常困難，有時可能連對方自己也不知道有這個正確答案的存在，它可能是一種潛意識。因此，追求完全正確的答案是不切實際且毫無意義的。

說穿了，這裡的讀解只是解讀出方向性，例如：對方是否比較容易接受這樣的討論內容及狀況；如果引起對方反彈，那麼對方會是基於什麼理由，並且會反彈到什麼程度；有沒有哪些要素可以緩解對方的反彈情緒……。如果能保持一定程度的彈性，設想好這些事情，那麼應該可以找出適當的解決方案。

第一要務就是，不能毫無準備，而是要先下工夫去讀解對方的心情，做好預測後再應對。

小學時，我們老師不僅用《小狐狸阿權》，還用了各種文章中的敘述場面，訓練我們用口語寫出主角的心情。我寫出來的內容老師會看，同學也會看，當然，我也有機會讀到或聽到同學寫的內容。

一開始總覺得好害羞，但又非常好玩。我發現有些同學的心情表達內容跟我完全不一樣，也認識到各種不同的心情表現方式，有時更讓我想起來，我自己似乎也有過那樣的感受。

實際上課情形是什麼感覺？

在這裡，我想介紹一下關於解讀主角人物心情的「結構學習」教學課堂上的樣子。在第一章中，我介紹了以說明文為教材的小學四年級課堂上的教學情形，但在這裡，我想介紹的是以太宰治的《跑吧！美樂斯》（走れメロス）為教材的小學六年級的故事文教學情形。

我省略了《跑吧！美樂斯》的正文部分，而兩名學生X和Y的思考過程圖如第一三五頁所示。就讓我們來看看課堂上的互動狀況吧！

與上一次說明文的情況一樣，學生X和學生Y之外的其他學生都稱為「學生」，老師則稱為「教師」。思考過程圖的格式與第一章的說明文幾乎相同，但在開頭有一個欄位稱為「主軸」，用來表示學生所理解的故事主題，而在「大塊分段和標示重點」欄的「摘要」部分，則是以口語寫出主角美樂斯的心情。學生Y還用口語寫下了「意義」。

教師：我希望大家都能以他們兩位的理解為基礎，盡量表達意見，如此才能更深入地品味這個作品。現在，有哪位想要先表達自己的看法？

學生：關於「主軸」的部分，我認為是「友情」。我認為整篇文章都是繞著「美樂斯和塞里努提斯的友情」這個主題在走的。

學生：我同意這個看法。在這個故事中，美樂斯的內心經歷了許許多多的猶豫，但最後能夠堅持到底，就是因為「友情的力量」。因此，我認為「友情的可貴」是這個故事的主軸。

（一致贊同）

學生X：我認為「友情」存在於相互信任的心靈中，「真正的友情」就是相互信任。作者是在透過美樂斯和塞里努提斯的友情，說明這個世界上確實存在著相互信任的心靈。

（多數贊同）

教師：是的，談友情的話，主軸就會探討「友情到底是什麼？」，而這種探討和解讀，就是我們一直在說的「深度閱讀」。請大家再繼續表達意見，包括預測的部分。

學生：Y同學認為是「人類的心，十分尊貴」，但我認為尊貴的是「人類的愛、勇氣、誠信」這種明確的東西。友情、種種困難，尤其是「戰勝內心掙扎的堅強」，以及最後終於將誠信展示給國王看，從這些事情來看，我認為是「人類的愛、勇氣、誠信，都是十分尊貴的」。

X同學和Y同學的思考過程圖

X同學

主軸	預測	大塊分段、標示重點（摘要）	大塊分段、標示重點（意義）	總結
相互信任的心。	世上確實存在著相互信任的心靈。	1 國王不相信人民。國王認為世界上沒有誠信這回事。	必定有相互信任的心。	人類的尊貴，在於相互信任的深度。
		2 必須快點趕路。要在太陽下山前趕回皇城，讓國王知道人民有可貴的心靈。	人們都會有想要相互信任的心情。	
		3 可惡，跑不動了。一定要讓國王看見人民真正的樣子才行。	想展示出赤誠的真心。	
		4 做到了！我終於做到了！國王也相信世上有誠信這件事了。	果然有相互信任的心。	

Y同學

主軸	預測	大塊分段、標示重點（摘要）	大塊分段、標示重點（意義）		總結
人類的尊貴。	人類的心，十分尊貴。	1 國王連親人和忠心耿耿的臣子都不信任，把他們也殺了。不信任人民的國王真是不可原諒。	絕對不可原諒！	人類的尊貴	人類的尊貴，在於相互信任的深度。
		2 無論發生什麼事，都必須在太陽下山之前趕回皇城。為了不被殺害而拚命奔跑。	要展現人們的誠信。		
		3 累到跑不動了。我的速度根本比一隻毛毛蟲還要慢。算了，不管了。我真是個可恥的背叛者。	啊，不管了！這就是命啊！	人類的心真的很了不起！	
		4 跑！繼續跑！繼續跑！一股不明所以的力量一直拉著我往前跑。終於趕上了！	跑！繼續跑！為了友情而跑，為了信任而跑！		
		5 塞里努提斯，打我吧！打我吧！美樂斯，打我吧！萬歲！國王！	人類的心戰勝了！	人類的心	

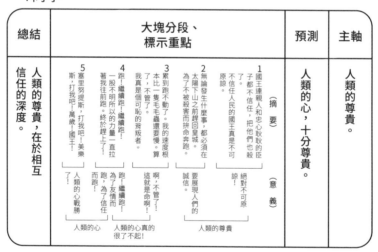

學生Y：我的看法有點不一樣。我認為不只是侷限在有愛所以尊貴、有勇氣和誠信所以尊貴；我認為是「人類的心，整個都是尊貴的」。

（省略）

學生：我也是這樣想的。即使是美樂斯這種內心充滿了友情、勇氣、誠信的人，在面臨無法承受的痛苦時，也會變成一個只想到個人幸福的卑鄙小人。這點顯示出了「人類的脆弱」。但是，美樂斯最後戰勝了脆弱，表示人類的心果然非常了不起的。從第二十七頁[11]美樂斯說的那句：「為了一個更崇高、更遠大的目標而跑！」也可以讀出是在說「人類的心很了不起」。

學生：我的看法有點不一樣。我覺得「為了一個更崇高、更遠大的目標」不是那個意思。（省略）我認為是為了「獲得信任」而跑。因此，我的解讀和X同學一樣，認為主軸是在說「信任這件事是很尊貴的」。

學生：我對書名的理解是：「跑吧！美樂斯！繼續跑！」我認為這篇文章最重要的地方，就是美樂斯究竟為了什麼而跑。我們是否該先針對這點來發表示意見？

（多數贊同）

學生X：我認為他是「為了證明世界上有相互信任的心而跑」。國王不是一開始就是個殘暴的人，第六頁[11]上寫著：「是你們教我要懷疑別人，教我不可以相信人心……。」、「我也想要國家和平穩定啊！」從這裡就可以知道國王的心情。我認為這點和現今社會人們的心情是一樣的。作者想告訴這樣的人「誠信的尊貴」以及「世上真的有相互信任的心存在」。因此，美樂斯就一路跑到底了。

教師：大家對「主軸」和「預測」的意見很不一樣呢。究竟是不是在說「能夠相互信任的心十分尊貴」？以及解讀出「包含這個在內的人類心靈很了不起」算不算是更深入的閱讀？請大家利用「大塊分段及標示重點」這個步驟來思考，以確定「總結」的方向。

學生：關於第三部分的統整，X同學認為他讀到的是這一大段都在說「相互信任的心」，而Y同學認為他讀到的是「遇到困難時，人心有受挫而脆弱的一面」。能不能請兩位針對這部分做說明。

學生X：美樂斯很努力，他一直跑到他動彈不得為止。第二十頁[11]寫道：「我想要展示這顆心是由愛和誠信之血推動的。」而且第二十一頁[11]也寫到：「因為朋友和朋友之間的誠信，是全世界最珍貴的東西。」這兩個地方都清楚說明美樂斯對誠信的看法。

學生Y：我的理解是「啊，不管了！這就是命啊！」美樂斯是跑到筋疲力竭，動彈不得為止，但是，當他覺得再也跑不動時，腦中就浮現出這樣的想法：「正義、忠誠、愛，這些，想想，其實都是很無聊的。」這時候，美樂斯就變成一個脆弱的普通人了。

（省略）

學生：我的看法也是這樣。我覺得我能夠理解美樂斯的感受。有一次，老師要我們在某天之前完成空白地圖和數學的作業，但我連動都沒動，一直拖到最後一天才臨時抱佛腳。那天，我奮戰到深夜都還是做不完，於是乾脆放棄了：「管他的，隨便啦！」隔天就沒交出來了。那個時候，如果我有更堅強的意志，我想最晚到隔天早上，我一定做得完的。這篇文章讓我想了起這件事情。

（摘自沖山光《學科上思考學習的開發》[12]，第三章　閱讀學習上的思考操作　實踐案例１六年級）

最後一位學生的發言很天真無邪吧！

就像這樣，故事文也能用孩子們的思考過程圖來進行討論。你不覺得這些「摘要」、「意義」欄的口語描述相當出色嗎？這些都不是正文，但光讀這些文字就讓我好感動了。孩子們將他們的想法用言語表達出來後，大家一起閱讀、一起分享主角的心情，以及孩子們作為讀者的心情，並且在這樣的過程中加深對文章的理解。

寫出來、講出來、表達出來，這樣的過程具有與別人分享的優點，同時還能確認並鞏固自己的想法。我認為這種訓練能讓我們閱讀小說的過程變得更豐富有趣，接觸時事問題時也能有更開闊的觀點；而在工作上，它能幫助我們在面對會議和談判時更有自信。

我小學時所接受過的心情表達訓練，不只是針對主角人物而已，還會思考其他人物的心情。接下來，我就介紹這方面的內容吧！

3 扮演主角以外的人物

下面是之前出現過的《小狐狸阿權》的最後情節。這裡同樣有畫上邊線。

第二天，阿權照樣拿著栗子前往兵十的家。兵十正在柴房搓繩子，於是阿權悄悄從後門溜進去。這時候，兵十剛好抬起頭來，看見一隻狐狸溜進屋裡，他心想：「這不是前幾天偷走鰻魚的那個阿權嗎？今天又要來搗亂了嗎？」

「來得真好。」

兵十起身，跑到倉庫拿出火繩槍，裝上火藥。

然後，兵十放輕腳步悄悄走近，「砰！」一聲，射向正要從門口走出來的阿權。阿權應聲倒地。兵十跑上前，往家中一看，看見地上放著一堆栗子。

「天啊！」兵十嚇了一大跳，低頭看向阿權。

「阿權，一直送我栗子的人，就是你嗎？」

阿權虛弱地閉著眼睛，點點頭。

「咚」一聲，兵十手上的火繩槍掉在地上，槍口仍然冒著絲絲輕煙。

（摘自《新美南吉童話集》岩波文庫，岩波書店，部分內容經過修改）

這裡有兩段文字畫上邊線，是阿權臨死前的場景。現在，請試著寫出此時阿權的心情。

說不定是這樣——

啊，你終於知道了，送你栗子的不是什麼神明，是我啦！對不起啦，是我把你母親的鰻魚拿走……。要是能親口跟你道個歉就好了。可是我就要死了吧？

我還有好多想做的事情呢！我想吃栗子，想跟與我一樣都是孤伶伶一個人的兵十你，一起吃栗子。

各位覺得如何？已經到了臨死前一刻，應該很難再動腦筋想些什麼吧，但故事是阿權「點點頭」。阿權從沒想到自己會意外喪命，那一槍來得那麼突然，或許會留下遺憾。

不過，兵十最後發現栗子是阿權送來的，這點應該能給阿權一些安慰。在此之前，阿權曾聽到兵十的朋友說：「送你栗子的是神明。」讓他好生自卑，心想：「我根本不配啊！」

那麼，現在請同樣用口語表達方式，表現出畫線部分那時兵十的心情。例如像這樣——

原來，偷偷送栗子過來的人，是阿權啊！可是，我卻開槍射死了阿權！怎麼會……怎麼會這樣！為什麼你要對我這麼好？既然是你，為什麼你不跟我說清楚？這下，我真的變成孤伶伶一個人了……。

這裡同樣也再提供另一種表現方式——

天啊，我做了什麼！我竟然殺死了阿權！明明送栗子給我的人就是阿權，我竟然……，啊，太可悲了，我一直以為阿權是個愛搗亂的狐狸，只因為那個時候他偷走了鰻魚。我該怎麼辦呢？啊，我什麼都做不了……，我到底該怎麼辦才好啊？

畫線部分的文章只顯示出兵十手上的火繩槍掉在地上，槍口冒著煙而已。這把火繩槍就是射殺阿權的凶槍，這是前面寫到的事；而槍口冒煙，表示那把槍剛剛才用過。兵十開槍射殺阿權後，看到家中地上的栗子，才知道原來一直送栗子過來的人就是阿權。他開槍射殺阿權、發現送栗子的真相，向阿權確認之後，火繩槍掉在地上——整個過程應該不到三分鐘吧，兵十應該沒辦法在這極度慌亂的時候，將阿權故意把鰻魚和其他魚丟回河裡或是一把拿走的那些惡作劇，和後來送栗子過來這件事的互相關聯上才對。

雖然這裡並沒有刊出故事的全文，但我覺得很有意思的是，在通篇故事中，根本沒有寫到兵十想讓母親吃鰻魚的情節。這不過是阿權看到喪禮時的想像罷了。此外，阿權也不是真的想偷鰻魚。事實是，阿權把兵十捕獲的魚放回河裡後，不幸在正準備把鰻魚也放回河裡時，被兵十發現；就在牠拔腿要跑時，鰻魚纏住了牠的脖子，當下牠管不了那麼多，於是先一溜煙跑掉後，才丟掉鰻魚。我認為這些認知上的誤解，對阿權和兵十的心情都造成很大的影響。

兵十不是《小狐狸阿權》的主角；主角是阿權，兵十只是重要配角。人們通常會以主角的心情來閱讀故事，然而配角也有他們自己的心情。

透過想像相同場景中，不同角色的心情，我們可以重新認識到，即使處於相同的情境，每個人的想法和感受也都不同，而且很可能南轅北轍。

設想交涉對象的情況

很久很久以前，簡單的勸善懲惡故事，可說不分男女老幼都相當喜歡。一來，這些故事容易理解；二來，讀者也很容易對身為好人的主角產生共鳴；加上最後總是人們普遍認同的「善」戰勝「惡」，當然大快人心。有人認為電影、動畫和故事就應該如此。不過，現實可沒那麼簡單。

或許，隨著戰後復興，人們已經不再需要躲進虛構的故事中來逃避現實了，我發現，慢慢地，電影、電視劇和故事，似乎開始關注起反派角色。

近年來，出現了一些以反派為主角的電影和電視劇，或者即便主角是「好人」，但設定為「壞人」的配角也有一些遭遇相當引人關注，而這正是故事的魅力之一。例如：大賣座的《鬼滅之刃》（鬼滅の刃）不就是這樣嗎？被視為反派的鬼，他們的不幸遭遇也是賺人熱淚。

絕對的邪惡並非不存在，但其實不多見。我認為這是程度問題、相對問題。

工作上的會議和談判也是如此，特別是談判。雖然不太有人一開始就認定對方是「惡」的，自己是「善」的，但我想表達的是，**善惡是相對的，利害也很難一致，每個人都有自己的人生際遇和情感**。

上場談判時，請各位務必以故事性的發想來理解對方、制定策略，然後以此為本從容以對。

4

鍛鍊「讀人能力」的方法

在前面，我已經介紹了結構學習中關於故事的讀解方法，正是這個結構學習，在我小學的時候鍛鍊出我的「讀人能力」。那麼，長大成人後，該如何繼續鍛鍊這個「讀人能力」呢？

我的建議是，你可以選一本你喜歡的小說，找出一個合適的段落，試著用口語寫出主角以及你感興趣的配角的心情。話雖如此，這種作業或許不容易持之以恆吧？作業本身並不難，只不過寫出來也沒有正確答案可參考，不像在學校那樣可以讀別人寫的東西，也很難分享自己的想法，更何況應該不少人覺得很麻煩吧？

這種時候，你也可以不寫出來，只在腦中，或者該說是心中，自己默默地描繪。閱讀小說或故事時，請先以比較容易代入感情的主角為對象，想像他在某個場景中的心情，然後自己在心中揣摩該心情後再表達出來。揣摩主角的心情，是我們在閱讀小說或故事時自然而然會做的事，因此，請再前進一步，默默在內心進行也可以，將你揣摩到的心情，以口語形式（口頭說話的方式）表達出來。

然後，可以的話，也以同一場景的其他登場人物為對象，揣摩他們的心境。就像前面剖析《小狐狸阿權》，阿權臨死前的場景一樣，請活用這種方式在自己內心練習一遍。

各位知道《冷靜與熱情之間》（冷静と情熱のあいだ，辻仁成、江國香織）這部小說嗎？它是一部愛情故事，小說家辻仁成和江國香織分別以男女的角度描寫了相同的故事。男性版的作者是辻仁成，封面為藍色；女性版的作者是江國香織，封面為紅色，兩個版本各自成冊。

雖然不是單一場景，而是一個時間段裡的過程，但男女視角的差異讀來十分有趣。而且不僅僅是男女差異而已，最後，讀者會在這樣的差異下，共有同樣的時間和場所。很推薦大家同時閱讀這兩本書，將這個算是「濃縮版」的作業，當成一種訓練來進行。

《奇蹟男孩》（*Wonder*，R．J．帕拉西奧）是一個根據真人真事創作出來的故事，兒童也適合閱讀；內容呈現出主角及其家人、同學等多方面的視角。如果能夠與家人一起閱讀，討論各個人物的情感，想必很有意思。

聚焦在配角身上的訓練

由於代入主角的情緒比較容易，這裡，我們就特別來練習如何聚焦在配角身上吧！下面文章是小說家原田舞葉的短篇〈繞道〉（寄り道）中的一節。

喜美的母親獨自生活在她的故鄉姬路。

大約十年前，她的父親因腦溢血去世。由於太過突然，喜美一直沒有父親已經離世的切身感受。從大學時代起，她與父母分開生活了整整十二年。因此，偶爾回到故鄉，她仍然感覺父親會突然從房門後面冒出來。

（省略）

當父親的七七四十九日法會結束後，喜美打電話給母親，邀母親一起來一趟小旅行。

「我的工作也告一段落了，要不要一起去吃些好吃的？」

母親在電話那頭說：「哇，今天是吹什麼風啊！」顯得很開心。

喜美年近三十，工作、愛情兩得意，正快樂地享受人生。她在公司晉升為代理課長，可以說課長寶座就在射程距離之中；由於年齡也到了，開始考慮與男友的婚事。接下來她將組織一個新家庭、生兒育女，工作上也會更上一層。遺憾的是，無法讓父親親眼見到這一切。因此她下定決心，要在母親面前展現自己的幸福生活。

（省略）

京都剛結束梅雨季節，人走在街上，熱得彷彿走在鐵板上般，不到五分鐘就汗水淋漓，甚至能感覺到店家在門口灑水的涮涮聲。不過，庭園的樹蔭和寺院的屋簷底卻是那樣清涼，讓人直想舒服地躺下。

母女倆坐在一座寺廟的走廊上，面對庭園，靜靜欣賞池塘水面上綠蔭交織的美麗圖案。在蒸籠般的街頭走了一整天，喜美早已筋疲力盡。連自己都累成這樣了，六十二歲的母親想必累癱。於是她開始後悔了——為什麼要來京都，而不是去有馬溫泉等能夠讓人好好休息的地方？就在這時，母親面對著庭園說：

「小喜，妳的工作都很順利吧？」

喜美原本打算在晚餐時向母親報告目前狀況和未來計畫。突然間被問到，一時不知從何說起，但她仍理直氣壯地回答：「嗯，工作都非常順利。」

「其實，今年四月我已經當上代理課長了，再努力一下，應該能升上課長。這樣薪水也會增加一些。……雖然不能像爸爸那樣，但我想我能給媽媽一點生活費，讓妳輕鬆一點。」

喜美決定接下來要一直奉養母親。父親去世前，母親就已經在附近超市兼差，但這點薪水遠遠不夠吧！

自喜美開始工作，八年來的收入都用在自己身上。買名牌、做臉、和男友旅行，存下來的錢打算結婚時當買房的頭期款。不過，想到孤單的寡母，她覺得自己不能再這樣奢侈下去。

「妳突然在說什麼？不必養我啦，我沒問題。」

母親像是聽到笑話般地輕聲笑了笑，臉依然面向庭園。自己經過深思熟慮做出來的決定，母親竟然不當一回事，喜美有點不高興。

「怎麼啦，我給妳生活費很奇怪嗎？」

「哪會奇怪啊，哪會奇怪……。」

有時候，母親會因為一些無聊的事情開始笑，一笑就停不下來。此刻，母親就是像那樣一直輕輕笑著。喜美更加不高興了，說：「別再笑了！」

「喔，怎麼了，好久沒這樣笑了呢！」

說這句話時，母親轉過頭看向喜美，不知是不是笑得太激烈了，她的眼睛微微濕潤。這是一張有點疲憊、有點寂寞，卻充滿了溫暖的母親容顏。

「謝謝妳啦，小喜。妳又昇遷又要養我，我真的很開心，但是啊，妳別太逞強喔，只要妳健健康康的，我就心滿意足了。」

或許面對面講這種話有點不好意思，母親又把臉轉向庭園，說道：

「偶爾，像這樣繞個路也不錯。一直以來妳都是這麼努力工作、努力生活，但偶爾，也可以繞個路啊。」

微風輕輕吹拂。拂過池塘水面而來的風，非常涼爽。母親和女兒隔著點距離坐在簷廊上，各自品味風的氣息。

母親將旅行比喻為人生的繞道。喜美現在才知道，母親是要告訴她：認真努力很好，但偶爾也要喘息一下。

這一夜，是喜美三十歲前的最後一個夜晚。在河原町，母親買了把扇子給她。對這個入夜後仍在嚷嚷好熱好熱的女兒，母親已經沒轍了。即便如此，還是選了一把適合成年女性的扇子送給女兒，淡紫色絲綢的扇面上，潺潺流水圖案好清涼。

（原田舞葉《渴望一顆星的祈願》中的〈繞道〉[13]，部分省略）

喜美是這篇〈繞道〉故事的主角，但這一節並非故事的主要情節。〈繞道〉不是喜美和母親的故事，喜美的母親幾乎只在這裡出現而已，但母親說的「繞個路」卻成為故事的關鍵。

為什麼喜美的母親一直莞爾而笑呢？為什麼她的眼睛微微濕潤呢？喜美離開家已經十二年，父親突然過世已經五十天，對母親來說，這是什麼樣的一段日子呢？為什麼在這個情境下，她會說出「偶爾，像這樣繞個路也不錯」這句話呢？

同樣都是讀小說，建議大家不要只關注主角，可以試著將心思轉移到配角身

上，來來回回閱讀他們的心情。

這次，我在擷取這則故事的這個部分時，突然想到：「好像可以作為國語的考題喔！」國語出題者如果能像這樣找到適合擷取的部分，肯定很開心。我也再次感受到，國語的讀解其實就是一種思考訓練。

如果你是喜歡戲劇的人，不妨就利用戲劇來練習。或許你會認為：「戲劇都是台詞，不就已經表達出人物的心情了？」其實不盡然。

例如：當一個人物的台詞是：「傻瓜！」他的意思真的一定是「你是傻瓜」嗎？不論在戲劇還是現實生活中，這句話真正的意思，應該都不全是表面的傻瓜，而是說話者內心那股具體且強烈的不滿吧？不論是寫出來或講出來，字面上的內容往往未必是真正的心情。

俄國小說家安東・契訶夫（Anton Pavlovich Chekhov）的戲劇作品就非常適合探索配角的心情，其中，《凡尼亞舅舅》（*Uncle Vanya*）還在電影《在車上》（ドライブ・マイ・カー）中以劇中劇的形式登場，其他如《三姊妹》（*Three Sisters*）和《櫻桃園》（*The Cherry Orchard*）等也十分有名。契訶夫的戲劇當然有主角，但主角以外的人物也都有很多台詞，而且，他的特色就是登場人物多，又都各具鮮明的個性及背景。

研究這些背景，可以學到不少歷史和思想，但先不談這些了，選擇一個你感興趣的角色、感興趣的場景、感興趣的台詞，然後將你認為隱藏在台詞背後的真實心情寫出來，或是在心中默默說出來吧！

反派・敵人角色的心情很值得想像

站在主角對立面的角色或許是反派，但不能光這樣就說他是個壞蛋。出現這樣的角色時，建議你可以大致看完後，思考一下這個角色的背景和情感。

例如，《悲慘世界》（*Les Misérables*，維克多・雨果）中的警察賈維爾可能就是一個很好的例子。他追捕主角尚萬強，最終自殺身亡。他一直固執地追捕主角，讓大多數人覺得：「這傢伙超討厭！」而事實也是如此。但他內心的扭曲正義感從何而來？為什麼他最後自殺了？我覺得這些問題相當耐人尋味。

利用故事來練習「讀人」時，不只可以使用文章，也可以使用影像，也就是看電影或看動畫。例如：《魔法公主》（もののけ姫）中的小桑和黑帽大人。黑帽大人是主角小桑的敵對角色，但她在別的地方接納了無法適應的婦女和病人，並在達達拉城（製鐵場）受到人們的支持。最近的漫畫也漸漸出現不少深具魅力的配角了。

請各位務必嘗試以自己的話語，而不是用影片中的台詞，表達出你所感興趣的人物角色的情感。

第4章

組織自己的思考

1 無法正確理解，就無法做出正確的回應

2 思考就是將想法結構化

3 表達思考後的內容

4 透過實務進行實踐與訓練

1

無法正確理解，就無法做出正確的回應

有人問你問題，你就回答問題——這是日常生活和工作上常見的情況，也在考試和面試中發生，是溝通的核心活動之一。

舉例來說，請看這道數學題目：

有五十顆彈珠，要平均分給六個人，每一個人能夠得到多少顆，還會剩下多少顆？

正確答案是每人八顆，還剩下二顆。

算式為：

50÷6＝8…2

問題是，有些孩子儘管會解「50÷6」這個算式，然而一旦用文章敘述題目時，就變得不知道如何解題了。

要解答這個問題，需要在腦中進行以下的思考過程——

①想像將彈珠平均分配的畫面。

②從「平均分配」這件事，想到算數上的「除法」。

③寫出「50÷6」的算式，然後進行計算。

真正的計算是在第三個步驟，但如果無法有效進行前面第一和第二項這兩個大腦活動，就有可能會出現「用文章敘述題目時，就不知道如何解題」的情況。

第一和第二步驟不是算數問題，而是解讀問題，這也就是所謂的「無法正確理解，就無法做出正確的回應」，也是我們為什麼會說「國語能力不足，其他科目也會很辛苦」的原因。

接著再來談一個數學問題。這是在推特（X）上被熱議過的一個問題[14]，我有稍微修改過。有個媽媽因為不理解孩子的考題是什麼意思而上線發問。瞬間，好多人紛紛發出疑惑「？？？」。

下面的計算題，以什麼數字為基礎，就能夠用「8-5」的計算方式來思考？

（1）80000－50000

（2）80－50

答案是：（1）10000、（2）10。

「啊，這顯然是學完括號『（ ）』計算後的測驗，所以，是要讓人用『（8－5）』的概念來計算啦！」相信有人會想起這個算數的括號「（ ）」原則而明白出題者的用意，或者，不久前才上過這類問題的人，應該也能馬上明白題意。不過，似乎很多人都搞不懂題目到底什麼意思。

由於這是一個小學數學題目，設定的答題對象應該是才剛學過這個括弧算數問題的小學生吧。因此，我不是要說在推特上發問的媽媽缺乏讀解力，我是用這個例子告訴大家，即使出題者使用的詞語本身並不難，但**如果答題者不在出題者所設定的對象範圍內，便可能會出現難以理解題意的情形**。

如果出題者設定的答題對象是「很久以前學過這個括弧算數問題的大人」，為了讓這些人能夠正確理解題意，應該會改變題目的寫法才對。

接下來，請閱讀下面這篇文章，然後把它做成第二章中示範的圖表。

有人說，兒童的體力變差了。由於飲食習慣的改變，兒童的體格變好，但體力卻變差了，肌耐力和反射神經都大不如前。

現代是個極其便利的時代。交通工具發展迅速，人們不需要移動就能輕鬆地進行交流。在這種情況下，兒童的運動量大幅減少。此外，因為城市發展等種種因素，導致可以活動身體玩耍的地方也變少；加工食品的消費量增加，卻造成營養不均衡；孩子玩電動遊戲玩到深夜，睡眠時間似乎不夠。

運動這件事本身向來不受重視。社會重視學校成績和學歷，導致孩子們的生活都以坐在書桌讀書為主，忽視了運動和運動能力。光是為了課業補習和學習才藝，孩子們就已經忙得不可開交了，況且，不論各地區或各學校，能夠教導運動樂趣的指導老師都嚴重不足，或者根本沒時間讓孩子體會到運動的樂趣。

然而，體力是豐富人生的基礎。如果容易疲倦、容易生病，就連書桌前的學習也會受到影響，未來出社會工作也會很辛苦，更別説要享受休閒娛樂活動了。

學校應該幫助學生培養運動技能，教他們如何在人生中持續享受運動樂趣，而不是只讓他們稍微接觸一下運動而已。當然，也必須培養這方面的指導老師。在家庭方面，不能光玩電動遊戲，應該要全家一起活動身體玩耍，維持規律的生活。

成年後可以在健身房等地方鍛鍊身體，也有不少人確實這麼做，但從小養成活動身體的習慣，知道運動的樂趣無疑更好。希望我們的孩子都能養成這樣的好習慣。

如何？你是如何讀解這篇文章的呢？

如果我們統整出每個意義段，這篇文章的結構就會像下一頁的圖表一樣。我認為這篇文章最想表達的是圖表中用雙框線框起來的部分：「推廣享受運動的教育。在家裡也應該多活動身體，維持規律的生活。」

雖然不至於無法視覺化……

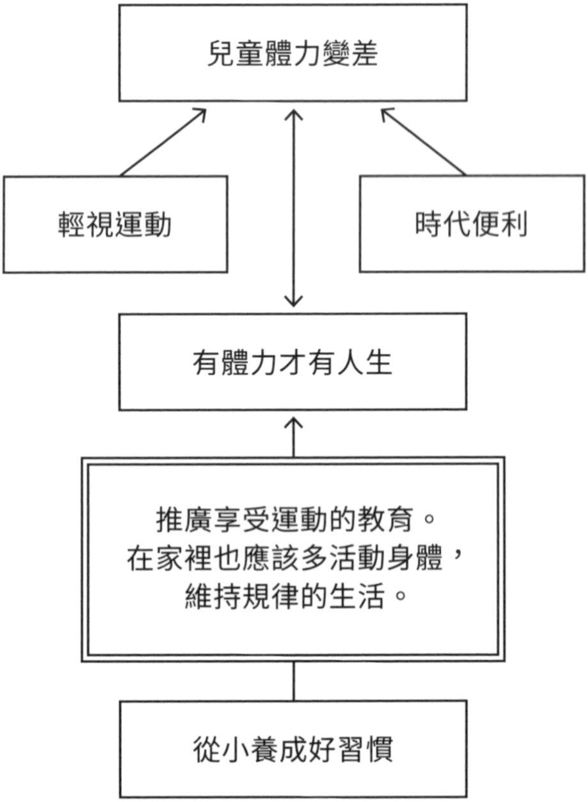
兒童體力變差
輕視運動
時代便利
有體力才有人生
推廣享受運動的教育。
在家裡也應該多活動身體，
維持規律的生活。
從小養成好習慣

不過，即使有辦法做成圖表，是不是仍覺得做起來有點困難？這是為什麼呢？

可能有以下幾點原因——

- **一個段落中包含了諸多主題，即便解讀出段落結構，也不太有完全掌握到文章結構的感覺。**
- **因此，會開始質疑：「這一段應該沒必要吧？」或者：「這段和這段是不是分開比較好？還是應該合併比較好？」**
- **有些部分根本找不到作者主張的依據，因此感覺不太對。**

我們把論說文或說明文做成這種圖表時，會發現有些文章「結構清楚又完美」，也會發現有些文章並非如此。碰到後者，就會浮現「結構要是這個樣子的話，不就更好懂嗎？」的想法。

沒錯，**只要學會讀解結構，你就能自己組織結構。**

就像你目前所看到的一樣，在你能夠讀解文章的結構之後，你就有辦法把別人寫的文章改得更好。於是當你要修改後輩或下屬的信件與報告時，自然便能給出更精確的建議了。

此外，在你要從零開始寫起，或者有非寫不可的部分時，你也就能自己組織出適當的結構。

2

思考就是將想法結構化

到這裡，我們已經討論了如何讀解自己聽到或讀到的資訊，但這是關於吸收資訊方面（輸入），至於吸收後再表達出來部分（輸出），不用說，能夠結構化肯定更方便。當你學會邊思考對方的情況和心情，邊表達自己的想法，你就能在各種場合都將自己的想法有效地表達出來，也就更能獲得期待中的結果。

這種能力不僅能在書寫時發揮作用，在進行說話準備或整理自己的想法時，也同樣有效。我的看法是——思考這件事，相當大一部分就是在將想法「結構化」。

例如：我們在做簡報之前都會有所準備，以準備資料來說，通常都會考慮哪個資訊應該在哪個時候傳達出去。即便是不必準備資料的會議，**也會先考慮要從哪個**

話題切入、前後順序的安排，以及要在什麼時機、用什麼方式傳達出最想強調的事情等，再將這些內容組織起來。這也是一種結構化。不只做簡報，當你想說服朋友或家人時，也會進行類似的思考吧！

此外，這部分也可以視為我們吸收訊息（輸入）和產出訊息（輸出）的交界點。當聽到混亂且令人困惑的訊息，或者陷入疑惑狀態時，我們通常都會試著整理情況、思考原因，質疑前提條件。在某種程度上，這也是一種結構化。

結構學習是二戰後不久被提出來的一種國語解讀學習方法，後來也應用於其他科目，包括數學、自然科學、社會，以及班會、師生座談等班級經營管理上，終極目標是「培養思考能力」。

我在第一章提到的「思考訓練」，是為了具體實踐結構學習而研發出來的最重要的部分。結構學習理論最初是由身兼教師及文部省調查官公職的沖山光老師所提出。他對戰後的解讀教育提出質疑，認為不該是由教師將自己的解釋「教」給學生，他主張解讀的主人是學生，因此不說這是一種教學方法，而說是「學習」方法。他認為讀解是一種技能，學習這項技能的是學生，而學習技能需要訓練，換句話說，我們必須要訓練學生培養讀解力。

這套學習理論不僅由沖山光老師本人，也由其他的實踐者——即當時的小學老師們——應用到其他學科上，包括班會等班級經營活動。此外，當時還導入了一種與現在的「綜合學習時間」相似的課程，會讓學生進行調查後，自己整理內容再發表出來；這套學習理論及學習訓練，就充分應用在這樣的課程設計中。

目前，日本仍有一部分學校在實施結構學習理論，只可惜數量並不多。不過，目前的教學指導綱要中，除了培養表現能力這點自不在話下，還明白揭示了國語科的目標是在培養思考能力。事實上這種想法在昭和三十年代（西元一九五五年起）的日本就有了。

鍛鍊結構讀解力，就是在鍛鍊思考能力，而鍛鍊讀解力，正是鍛鍊思考能力最有效的途徑。

3

表達思考後的內容

正如先前所述，當我們對別人寫的或說的內容進行結構性的理解時，往往會產生一些改善內容的想法：「把結構改一下會比較容易理解吧？」、「明明這樣才會比較好……。」

當你要自己從零開始做報告、匯整資料，或是思考簡報、演講的內容時，不妨也試著如此調整一下結構。

例如：請想像一下這樣的情景——

你是某家機械廠商產品開發部的部長。你的下屬A請求你寫一封推薦信推薦他進入你的母校，即國外的K商學院。在過去的五年中，A擔任你部門某個團隊的組長，他所負責的某項商品大賣，對公司的營收做出了相當的貢獻。此外，A在大學時期擔任運動隊伍的隊長，公司一直視他為深具潛力的新人，你也對他充滿信任。基於他對公司的貢獻，你非常希望幫助他實現這次的公司資助留學計畫，並且很高興A想到你的母校就讀。K商學院十分注重領導潛力與合作協調性，在行銷領域享負盛譽。雖然A自加入公司以來，一直待在開發部門，並沒有待過行銷部門的經驗，但在開發那項熱銷產品時，他與行銷團隊攜手合作，並參與了最終銷售計畫的擬定。A一直以來都非常熱衷學習，你希望他能夠透過留學提升商業知識和英語能力，回國後能更有成就。

現在，請思考一下該如何組織這封推薦信的結構。

在思考如何組織推薦信的結構之前，你應該先和提出請求的A好好談一談，瞭解他留學的動機、目前的狀況，以及他希望推薦信怎麼寫；此外，作為部門主管的你，也應該確認Ａ畢業後會不會回公司繼續工作。可以說，這種訊息的收集與交流，都是你設計推薦信內容的一部分，即結構化的一部分，用意在幫助Ａ「成功申請到留學資格，將來更有成就」。

透過這個交流，我們取得以下的訊息——

- **A目前希望從事開發業務，但將來想挑戰管理業務。**
- **當初在開發那項熱銷商品時，A就是以開發團隊組長的身分與行銷團隊合作，A覺得這個經驗既寶貴又刺激，而且深深感覺到，不論做開發或做管理，都十分需要瞭解顧客的觀點。**
- **要學行銷和管理，K校最適合，是A的第一志願，但也會同時向C校和M校提出申請。**

- A希望很瞭解他且是K校校友的部長能幫他寫推薦信。
- A希望能再提高一點英語測驗的分數，並相信自己做得到。至於會話能力方面，拜工作之賜，目前已達到能在面試時順利溝通的程度。
- A會在讀書計畫上提到學生時代擔任運動隊伍隊長的經驗，以及這次擔任商品開發案組長的經驗。也會提到將來想從事管理工作，因此這次留學特別想學習市場行銷及戰略理論。
- A的父母仍健在，因此認為此時正是他獨自到海外留學兩年的最佳時機。
- 既然請部長寫推薦信，畢業後當然打算回公司繼續工作。

那麼，我們就來組織這封推薦信的文章結構吧。實際上應該是用英文書寫，但這裡我們且用中文示範（第一七六頁）。

閱讀推薦信的人是K校的入學審查官，而申請入學的人想必來自世界各國，個個都有精采豐富的經歷才對。近年來，日本留學生有減少的趨勢。在這樣的狀況

組織文章結構

A的推薦信

I 優點 ①領導能力
②合作協調性
③努力、真誠
(學習速度快)

（故事）
- 大學橄欖球隊的主將，曾經拿過縣市比賽冠軍
- 新商品開發案
- 業績××
- 榮獲〇〇獎
- 學習市場行銷

II 缺點 市場行銷及管理知識不足
- 透過專案學習相關知識
- 透過攻讀 MBA 來加強

III 公司的期待
- 有望提拔為主管
- 提供留學經費

下，必須強調Ａ的獨特性以及如何符合學校的要求，並說明讓Ａ入學可為學校帶來哪些好處。

基於這樣的觀點，我會決定採取以下兩點為主軸——

- **Ａ的領導能力、合作協調能力，以及勤奮好學的精神。**
- **來自公司的支持——公司資助留學、畢業後的工作職位，以及未來的期望。**

除此之外，由於在推薦信上列出一大堆優點反而會降低可信度，因此不妨也列出一些有改進潛力的地方——特別是Ａ在該校學習過程中可望補強的缺點。

我列出下列這些點，作為支持上述內容的根據及題材——

- **強調Ａ在學生時代擔任運動隊伍隊長，以及在公司擔任開發團隊組長的成就**

（兼佐證A在讀書計畫中的陳述）。

- 強調A個性真誠又勤奮，學習速度非常快，所以在與行銷團隊合作時，成功打出熱銷商品。
- 特別強調這個商品開發案的對象也包括海外市場，讓A取得了與國際協作的領導經驗。
- 雖然A一直在開發崗位上努力，行銷管理方面的知識和經驗有限，但透過先前與行銷相關的專案，已經學到初步的知識。
- 公司很看好A，希望培養他成為主管而出資提供他去留學。此外，公司擁有日本代表性技術，業務已擴展全球。

當然，我已經多次提到，並不是非要這麼寫不可，肯定還有其他各種寫法，結構的組織方式也是見仁見智的。透過本書，相信你已經以讀者的角度讀了幾篇文章、讀解了文章結構，這裡，我嘗試「反向」操作——**一開始就組織好「結構」**，

方便讀者掌握到自己想傳達的內容及其依據——讓閱讀文章的人更容易理解內容。

推薦信這類信件，基本上是要強調出被推薦人的優點，這可能會使一些人認為它相對容易寫，但問題在於**看信的人想要什麼，以及如何以容易理解的結構來傳達對方想要的內容**。因此，我們必須在同樣積極展現自己的候選人群中，突顯A的特點，並以最佳方式呈現出來，而且，過分稱讚會顯得不自然，因此可以舉出一些A目前的缺點，並說明這些缺點可望因為留學而獲得改善。

此外，有些報告可能需要整合更複雜的事實，包括好的事實、不好的事實，但無論如何，應對的態度都是一樣的。必須考慮閱讀報告的人想知道什麼，自己又希望對方知道什麼，運用什麼樣的文章結構才能準確地傳達出來——只要充分思考過，即使繞了遠路也不會做白工，一定能夠滿意地傳達出想傳達的訊息。

4 透過實務進行實踐與訓練

那麼，日常工作中，究竟可以在哪些場合進行這個結構化訓練呢？其實各式各樣的場合都可以，而本節要介紹的是會議紀錄和報告兩種情境。

你是否曾經做過會議紀錄，然後發給與會者，或者在公司外面和合作廠商、客戶討論後，將結果做成報告呢？相信很多人都有這樣的經驗才對。

這種時候，你都是怎麼做會議紀錄或筆記的呢？

不用說，想必是照著講話的順序寫下來，重現開會的發言狀況吧？有時確實需要這樣。

不過，特別是像訪談筆記這類的情況，當你需要將你聽到的話傳達給其他不在場的人士時，僅僅按對話順序將對話內容記下來，很可能會讓讀的人難以理解。

一個小時的訪談可以產生大量訊息，訪談這件事本身也未必會以你預期的方式進行，既有可能偏離主題，也可能根本沒有按計畫進行。此外，有時你也會因聽不到想聽的內容而煩惱不知如何向上司報告，有時還會發現離題的內容反而十分重要。

如果你只是一五一十照發言順序寫下來，很可能不在場的人即使看了報告，也不會知道哪個部分才是最重要的。

會議記錄的筆記，不一定要按照時間順序

我在本書一開始就提到，我剛畢業進入顧問諮詢公司時什麼都不會，獨獨訪談筆記獲得了上司的稱讚。這裡，我簡單說明一下自己當初做筆記時特別留意的重點。

●查明對方的現況並記錄

進行訪談時，我不會依照發言順序來做筆記。首先，我會寫下訪談的日期和地點，然後寫下我對受訪者的瞭解，內容包括對方的經歷、與這個案件的關係，以及他的職務立場等。閱讀這份筆記的人很可能會有兩個以上，甚至更多，這麼做就能幫助他們事先掌握受訪者的背景資料。

如果我在訪談時注意到對方某些令人印象深刻的反應或人格特質，我也會寫進來。因為，瞭解受訪者是一個什麼樣的人，可以幫助閱讀者判斷該人的談話有多少可信度。

●寫下目的

此外，我會寫下訪談的目的。閱讀者可能已閱讀很多份類似的筆記，也可能正在處理很多個案件。這樣做是為了讓他們清楚地想起這個訪談的目的，以免混淆。

●寫下重點

然後，我會在一開始就明確地總結「訪談的重點」，也就是說明透過這個訪談能瞭解什麼事情。你聽過「電梯簡報」一詞嗎？當你要在電梯裡向日理萬機的上司說明事情時，假使對方說：「在到●樓之前說完。」那麼你要怎麼說才好呢？想必得按照輕重緩急的順序，盡可能簡潔地說完想說的話。

如果是用寫的，應該會比用說的容易一些，但基本要領是一樣的。不是依照你聽到的內容先後順序，而是依照對方可能會覺得重要的順序、你想讓對方聽到的順序，簡單扼要地寫出來。

你還可以寫出自己的詮釋，但要將「事實」與「詮釋」區分清楚再寫。

●寫下詳細內容

詳細內容應該寫在「重點」的後面。閱讀者會優先讀「重點」，因此他們的思考排序是先看重點再讀詳細內容。大項目應盡可能配合前面提出的「訪談重點」寫出來，而且每個項目都要用條列方式說明清楚。

再容我囉嗦一下，現在請在腦中想像寫訪談筆記的整個過程。你會先有進行訪談時當場寫下來的草稿筆記，這時的筆記應該是按照對話順序記錄下來的。然後，你會邊回想當時的情景，邊寫出要給別人看的筆記，這時候，可以大致分成兩種寫法——

①先依輕重緩急的順序整理出「訪談詳細內容」，再寫出「訪談重點」（也可以邊整理邊寫）。

②先寫出「訪談重點」之後，再根據重點，從草稿筆記中整理出「訪談的詳細內容」。

並非一定要選擇哪種方式，但我傾向於第一種。即使訪談的時間只有一小時，仍會產生龐大的資訊量，我認為不仔細思考，實在很難歸納出重點。不過如果這次

筆記的寫法

文件內容

To　　×× 團隊成員（×× 部長、×× 課長、×× 先生／小姐）
Cc　　××
From　×××（撰稿人）
Date　× 年 × 月 × 日（×）

記載受訪者的背景，包含他與主題的關係。

〈訪談概要〉
日期：
地點：
旁聽者：××、××
受訪者：××× 公司　×× 企畫部長 ×××

- ×× 大學 ×× 系畢業
- ×× 年進入公司（大學畢業即進入公司）
- 做過 ×× 部 ×× 課長、×× 部 ×× 課長，×× 年開始擔任現職，一直都在 ×× 領域。
- 與客服部門為合作關係，但和 ×× 部長是同期，兩人在升遷方面處於競爭關係。據傳對本專案持懷疑態度。
- 訪談之初，警戒心明顯、說話謹慎，但到了中段，感覺心房打開了，談話比預期更詳盡。
- 說話很有邏輯。

記載令人印象深刻的言行表現等。

目的：瞭解他從企畫部門的角度如何看待客服部門的現狀、認為目前有何問題及做此判斷所依據的理由、對本專案有何期待等。

寫出訪談的目的。

〈訪談重點〉
（1）從企畫部的角度來看，最大的問題是 ×××。
（2）要期待 ×××，關鍵在於克服 ×××（××× 的見解）
（3）×××

〈訪談的詳細內容〉
（1）從企畫部的角度來看本專案的背景及必須面對的課題。
- ××××
- ××××

將要旨條列出來，讓人一看就懂。不是依談話順序，而是依對閱讀者而言的重要順序寫出來。

（2）企畫部的展望及期待
- ××××
- ××××

3）××××

盡量配合上面的重點及項目來下標題。

的訪談很有意義，內容幾乎都記住了，很清楚回去以後要傳達的訊息是「這個和那個！」的話，或許就可以使用第二種方式。

無論如何，這個過程就是所謂的「結構化」。**從大量的訊息中，提取對自己和對方而言重要的訊息，辨識它們之間的關聯性，並提出佐證以取得理解，這套過程就是結構化。**從這個意義上來說，要訓練結構性思考，最好的方式就是做訪談筆記。

會議的話，由於通常都已經先排好議題和議程，因此，按照預定排序來寫紀錄是比較容易理解的。但在這個過程中，也應該提取每個議程中的重要訊息和決定事項，寫下相關的討論背景、根據等，這也是一種很棒的思考訓練。

撰寫訪談筆記或會議紀錄，其實相當地耗費時間。或許有人會覺得撰寫已經結束的訪談或會議紀錄很痛苦，但從鍛鍊結構性思考的角度來看，這是一個很棒的訓練機會。你不但可以一邊工作一邊培養思考能力，還能藉此贏得別人的讚賞，請務必一試。

簡報是絕佳的訓練機會

前面提到的文件製作，以及接下來要介紹的簡報，可說都是結構性思考的最佳實踐機會，累積這方面的經驗，就是在進行相關訓練。

諮詢專案的任務分配，其實也就是在加以結構化。過去我在顧問諮詢公司擔任經理時，總在從向客戶提案的那一刻起，就開始思考專案的結構、團隊的組成，以及任務的分配了。

一旦確立了專案必須解決的課題，我們便會將課題拆成幾個大區塊。首先，要思考解決課題必須弄清楚什麼事情，然後盡可能合乎邏輯且毫無遺漏地將課題拆成幾個大區塊，每個大區塊稱為「module」或「part」——也就是任務。然後，由團隊成員分別負責。

開始執行專案後，我們會在會議中針對該專案的課題向客戶進行報告，例如：

「我們已經瞭解到這些狀況。」、「對於還沒解決的問題，我們的看法是這樣，打算如此處理。」並接著與客戶討論。

這樣的文件製作和簡報，正可以發揮我們透過讀解文章結構所培養出來的能力——**要謹記最終目標是解決專案的課題，以此思考這次會議所要傳達的內容，以及對方聽到內容後最在意的部分，如此不斷組建資料及討論內容。**

具體的組建方式因人而異，而我向來都是使用Microsoft Word或PowerPoint的大綱功能。PowerPoint的大綱功能很方便，可以將我們寫的高階層段落直接變成投影片的標題；但其中也有不便之處，例如：該段落的文字可能太長、不適合做成標題，或者後續內容的結構太過複雜，難以清楚呈現等。因此，我通常會先用Word來編寫簡報的整體架構，以一張投影片為一個單位，每一張投影片都有一個相同階層的段落，等到標題和內容都安排得能清楚呈現後，再用PowerPoint將這些投影片內容製作成簡報。整體架構的概念可參考左頁。

製作容易理解的資料文件

×月×日 期中報告

出席人員：××常務、××團隊組長、××小姐／先生

傳達事項

- 這次進軍〇〇市場的計畫，以我們公司的××技術，肯定可攻占一席之地，但關鍵在於能否籌措到△△。
- 最理想的狀態是與 A 公司或 B 公司攜手合作來籌措△△。
- 建立合作關係可能遇到的阻礙是×××。

內容

① 今日討論的重點：積極進軍市場、合作是關鍵
- 更詳細地條列出上述內容。

② 專案的整體概要和進度
- 問題、進度表

③ 訪談的執行概述
- 對象：×××、×××
- 訪談結果的要點
- 詳細內容另外附件

④ 雖然〇〇市場尚未成熟，但有望成長
- 定量數據
- 數據定義

⑤ 目前我們公司的地位相對優越
- 在推估市場規模中，我們排名第三

⑥ 應密切注意 B 公司和 C 公司今後的發展
- 最近的數據推估
- 訪談評論

⑦ 與 B 公司在〇〇領域的合作是否可能？
- B 公司的問題和我們公司的觀點
- 合作的利與弊

⑧ 有望與 A 公司合作
- 訪談評論

⑨ A 公司的△△非常有吸引力
- A 公司的技術與服務概要

⋮

事實上，在專案開始或開始之前，我們都會先模擬簡報中的狀況並且寫下來，內容就跟上一頁的表格很像。這是工作計畫的一環，我們以達到這樣的預期結果為目標。在專案進行的過程中，我們會因為瞭解到各種訊息而不斷修改或補充這份模擬簡報，當然，這只是最理想的狀況，通常都不得不大幅修改。

順帶一提，人們常說：「一張投影片一則訊息。」意指不要在一張投影片上放進兩個或更多的訊息；換句話說，應該將要傳達的訊息簡潔地放到一張一張的投影片上，這樣看的人才容易理解。

此外，也有人提到，應該把訊息簡化到一行以內，就像投影片的標題一樣。這也是在強調簡潔及一目瞭然的重要性。

用Word來寫簡報的架構，不太能夠一目瞭然，因此，有些同事會自己手繪樹狀圖來表現，就跟前面我們讀解說明文時看到的圖表相類似。

還有些同事會把投影片的訊息寫在紙上帶過來，將這些紙張排在桌上，排出一個清楚的結構圖模樣，然後將雙臂交叉在胸前，邊看邊思考。這就是所謂的「空白投影片」（雖然有標題），如此將它們一小部分一小部分地排在桌上，就像在分出章節一樣。

雖然表現方式可能因行業和職務而不同，但最後所表現出來的結果都有一個共通點，就是「傳達給對方知道」。前面舉例都是在以讀者身分讀解文章結構，這次，各位不妨把身分轉換成傳達訊息的人，將你想要傳達的訊息和想法，以結構化的方式有效地呈現出來。

結語

二〇二一年四月，我再次進入大學就讀。大約四分之一個世紀前，我大學畢業，於二〇〇〇年代在國外取得工商管理碩士（MBA）學位，這段期間及之後，我都在顧問諮詢公司和管理學院工作，然後，我決定不進入研究所，而是利用學士入學制度，進入大學教育學系的三年級就讀。

在自己第一次的大學生活中，班上曾經有位年長的同學，我常常望著他心想：「好了不起啊！但為什麼又來上大學……。」壓根沒想到自己也會重回大學校園。順便說一下，這位「年長的同學」就是歌手兼詞曲創作者小椋佳*先生。

讓我重新返回校園的動力是「結構學習」以及指導這門課程的恩師。戰略顧問的工作其實相當艱苦，取得國外工商管理碩士學位也不輕鬆，但我年僅十歲時遇到的恩師，以及當時所學到（恐怕只有一部分）的「結構學習」，支持著我度過了這一切。

結構學習主要是用在國語的讀解上，而我也是在小學的國語課上學到的，現在回想起來，透過那樣的上課方式，我學到了如何解讀文章及思考結構，這項能力為我開啟了人生道路。當時我並不知道這就叫做「結構學習」，只覺得這種上課方式很奇怪，但很好玩。

踏入顧問諮詢界服務之初，有一天，我突然想起：「那樣的課程到底是怎麼回事？」從此就常常想起這件事。剛好那時我的孩子還小，我也想讓他上這樣的課程，於是和人在北海道某間小學擔任校長的恩師聯絡，這才得知這個課程就叫做「結構學習」。後來，我到旭川拜訪恩師，還承蒙恩師把當時的教材，以及這門學問

＊編註：日本資深創作歌手，《銀河英雄傳說》片尾曲的詞曲創作者。

的創始人沖山光老師的著作送給我。

這下，不好好研究可不行了。於是我決定從基礎開始，學習教育這門我從來沒學過的課程，也打算日後發表研究論文，就這樣，透過學士入學模式重新回到大學。

我的畢業論文當然是結構學習的研究，而且是與這本書的撰寫同步進行的。雖然有「結構學習」這個共通點和交集，但論文和書籍各有不同的目標讀者與內容（閱讀到這裡的人應該都已明白），因此寫作過程不得不時時切換思維模式。日夜都在埋頭寫稿——這種不習慣的生活讓我吃盡了苦頭，但也讓我因此累積了商務人士所面對的各種溝通經驗，以及身為管理學院老師的各種教學經驗。大多數人在高中畢業前都會上到國語和現代文課程，之後就幾乎無緣了，自然也不會再學習「結構解讀」，於是，想到若能讓大家學會「讀解」的方法和技巧，在進入職場更輕鬆些，我一再鞭策自己努力完成本書。

對於未來的職涯規畫，我已決定要重新當一名管理顧問，善用這個結構學習，在擬定教學方案、企業對策等方面做出貢獻。「讀解」和「思考」看似互相連結，實則不易連結，因此我想利用「結構學習」這門技巧將兩者連結起來，傳達給更多人知道。

希望這本書可以讓你認識「結構學習」，並希望以結構學習為基礎而開發出來的「結構讀解技巧」，能讓大家工作更順利、溝通更愉快，如果可能的話，更希望能夠幫助各位開拓出嶄新的人生。

「結構學習是開拓孩子人生的一種教育。」——我要將本書獻給教會我這點、指導我這門課的恩師稻垣克男老師。此外，百忙中不吝幫助我更加理解「結構學習」的全國結構學習研究會會長谷戶玲子老師、結構學習研究所所長太田由紀夫老師、世田谷區立櫻町小學的川上博行老師，以及指導我做研究的東京大學淺井幸子老師，請接受我深深的謝意。我也要感謝給我機會撰寫本書，不斷支持我的「Discover 21」的大竹朝子小姐。

最後，我要感謝讓我有機會受此教育的父母，以及包容我忙於寫書且毫無怨言的家人。但願結構學習和結構讀解能繼續被更多人了解，豐富他們的人生。

河村有希繪

參考文獻與注釋

1 沖山光《結構思考訓練》（構造思考トレーニング），明治圖書出版，一九七〇年，第六五頁。

2 沖山光《學科上思考學習的開發》（教科における思考学習の開発），新光閣書店，一九七〇年一月，第九九～一〇〇頁。

3 同上，第一〇一～一〇六頁。

4《現代國語2》（現代の国語2），三省堂，二〇二二年二月，第七六～七七頁。

5 Christie & Gentner，2014；Gentner，2010；Gentner & Namy，1999；Namy & Gentner，2002.

6 全國結構學習研究會研究誌〈結構學習〉（構造学習）六七號，一九七九年三月，第二四頁，連載及實踐系列〈如何使用說明性文章加以分析統整的指導方

法〉（說明的文章を使って分析・統一のしかたの指導）金井里子。

7《現代國語》（現代の国語）三省堂，二〇二二年二月，第一八二～一八九頁。

8 沖山光《目標導向的解讀指導》（目的論に立つ読解指導），明治圖書出版，一九六〇年九月，第三二頁。

9《廣報會議》（広報会議），二〇二二年九月號〈分析「天聲人語」——觀察時事，並以有限字數寫出的專欄——作者的思想〉（時流を見つめ、限られた文字数でまとめる『天声人語』筆者の頭の中を分析），有田哲文（朝日新聞論說委員）https://mag.sendenkaigi.com/kouhou/202209/sns-skill-up/024546.php（二〇二三年一月十九日內容）。

10 朝日新聞網站「ちょい読みで、わたしが広がる。」https://info.asahi.com/choiyomi/reporter/tenseijingo/（二〇二三年一月二十日內容）。

11 該教材的頁數。

12 沖山光《學科上思考學習的開發》（教科における思考学習の開発），新光閣書

店，一九七〇年一月，第一二四～一二八頁。

13 原田舞葉《渴望一顆星的祈願》（星がひとつほしいとの祈り），實業之日本社，二〇一三年，摘自其中的〈繞道〉（寄り道），第一六〇～一六五頁。

14 〈母親無法理解這個問題的意思〉（母はこの問題の意味を理解できませんでした）https://twitter.com/hijiridesign/status/1439387093826891779（二〇二三年一月八日內容）。

職場方舟0026

讓思考品質飛躍提升的結構讀解力

思考の質を高める 構造読解力

作　　者　河村有希繪 YUKIE KAWAMURA
譯　　者　林美琪
封面設計　張天薪
內文設計　薛美惠
資深主編　林雋昀
行銷經理　許文薰
總 編 輯　林淑雯

國家圖書館出版品預行編目(CIP)資料

讓思考品質飛躍提升的結構讀解力 / 河村有希繪著 ; 林美琪譯. -- 初版. -- 新北市 : 方舟文化, 遠足文化事業股份有限公司, 2024.04
面；　公分. --（職場方舟 ; 26）

譯自 : 思考の質を高める構造読解力

ISBN 978-626-7442-05-0（平裝）

1.CST: 閱讀 2.CST: 閱讀指導 3.CST: 思考

019.1　　113001834

出版者　方舟文化／遠足文化事業股份有限公司
發行　遠足文化事業股份有限公司（讀書共和國出版集團）
231新北市新店區民權路108-2號9樓
電話：（02）2218-1417
傳真：（02）8667-1851
劃撥帳號：19504465　戶名：遠足文化事業股份有限公司
客服專線：0800-221-029　E-MAIL：service@bookrep.com.tw
網站　www.bookrep.com.tw
印製　通南彩印股份有限公司　電話：（02）2221-3532
法律顧問　華洋法律事務所　蘇文生律師
定價　380元
初版一刷　2024年04月
ISBN　978-626-7442-05-0 書號 0ACA0026

方舟文化官方網站　方舟文化讀者回函